Dörte Fuchs (Hg.) und Jutta Orth (Hg.)

Glück ist gar nicht mal so selten

Dörte Fuchs (Hg.) und Jutta Orth (Hg.)

Glück ist gar nicht mal so selten

Ein Vorlesebuch

Kaufmann Verlag

Bibliografische Information Der Deutschen Bibliothek

Die Deutsche Bibliothek verzeichnet diese Publikation in der Deutschen Nationalbibliografie; detaillierte bibliografische Daten sind im Internet über http://dnb.ddb.de abrufbar.

1. Auflage 2014

Coverabbildung: © Stefan Körber – Fotolia.com
Druck und Bindung: CPI books, Ulm

ISBN 978-3-7806-3146-6

Inhaltsverzeichnis

Vorwort 9

Blütenregen, Schneegestöber

Ein Jahr voller Glücksmomente

Wirkung des Frühlings im menschlichen Gemüte
Barthold Hinrich Brockes 14
Hinter blühenden Apfelbaumzweigen *Arno Holz* . . . 15
Einsamkeit *Henry D. Thoreau* 15
Guter Rat *Theodor Fontane* 18
Sommerfreuden *Claudine* 19
Sommermittag *Christian Morgenstern* 22
Müßiggang *Henry D. Thoreau* 22
Schönes, grünes, weiches Gras *Arno Holz* 25
Inseltage *Eveline Hasler* 26
Schlittenfahrt *Herbert Rosendorfer* 29

„Du brauchst nur zu lieben, und alles ist Freude“

Vom Glück der Liebe und Freundschaft

Meine papiernen Brieftauben
Marie von Ebner-Eschenbach 42
Die Nacht im Hotel *Siegfried Lenz* 42

Das Geschenk *Rachel Naomi Remen* 48
„Wäre die Liebe nur Glück ...“ *Lily Braun* 51
Ein Nachspiel *Friedrich Nietzsche* 52
Was kann er für sie tun?!? *Peter Altenberg* 53
Die Herzensfrau *Max Dauthendey* 54
„... und wäre jetzt gern bei Dir“ *Christoph Meckel* .. 54

„Sieh, der Himmel wird blau“

Glück und Unglück

„Vergiss nicht das Süße ...“ *Robert Walser* 58
Lechaim! *Rachel Naomi Remen* 58
„Möglichst viel Glück ...“ *Christian Morgenstern* ... 61
Im Hafen von Sydney *Bruce Chatwin* 62
Trost *Theodor Fontane* 65
Nach einem Regen *Richard Dehmel* 66

Das ferne Glück

Sehnsucht und Erinnerung

„In himmelblauer Ferne ...“ *Arno Holz* 68
Traumland *Georg Trakl* 68
Mein Garten *Hugo von Hofmannsthal* 71
Langsame stunden überm fluss *Stefan George* 72
Im Walde *Christian Morgenstern* 72
Das Glück am Weg *Hugo von Hofmannsthal* 73

Das Erinnern nimmt jährlich zu *Jean Paul* 80
„Wenn es Winter sein wird ..." *Rainer Maria Rilke*. . 84

„Und du hebst das Glas"

Vom Glück der kleinen Dinge

„Keine Zeit auf Erden, um zu schlafen!"
Max Frisch 86
Mittagessen mit einem Landstreicher
Bruce Chatwin 88
An eine Orange *Francisca Stoecklin* 94
Ich trinke Tee *Peter Altenberg* 94
Das höchste Lebensglück *Paul Scheerbart*.......... 96
Blaue Träume *Clara Müller-Jahnke* 97

Auf die Haltung kommt es an

Glücksrezepte

Kleiner Weg zum Glück *Aus Brasilien*............. 100
Ein Lieblingssatz *Theodor Fontane* 101
„Nicht der Himmel bringt das Glück ..."
Otto Ludwig.............................. 101
Das Märchen vom Glück *Erich Kästner*............ 102
Glück liegt in den kleinen Dingen
Rainer Maria Rilke 107
Das Glück der Arbeit *Fanny Lewald* 108
Hans im Glück *Brüder Grimm*.................. 108

„Ist es überhaupt möglich, unglücklich zu sein?“
Fjodor M. Dostojewskij 117
Familienglück *Aus der Zen-Tradition* 117
Das Glück des Ausgeschlafenen *Theodor Fontane* ... 118
Ein kleines Lächeln *Anonym*....................... 119
Rezept *Mascha Kaléko* 120

Vorwort

Was ist Glück? Nicht zum Schweigen zu bringende Freude, wie Rachel Naomi Remen es ausdrückt? Fisch zum Mittagessen wie in einer Geschichte von Bruce Chatwin? Ein fernes Paradies oder Singen unter der Dusche? Meyers Konversationslexikon definiert Glück als das Einssein mit seinen Hoffnungen, Wünschen und Erwartungen. Das bedeutet, dass schon die Sehnsucht nach Glück glücklich machen kann.

Schon immer haben die Menschen über das Glück philosophiert. Dichter und Schriftsteller haben versucht, es in Worte zu fassen und auf Papier zu bannen. Wenn wir ihnen zuhören, steigen Erinnerungen, Bilder und Wünsche in uns auf, und für Momente sind wir vielleicht wieder im Garten unserer Kindheit oder auf der Insel unserer Träume. Literatur kann uns für die unendliche Vielfalt an Glücksmöglichkeiten sensibilisieren, die wir im Alltag leicht übersehen oder wahrzunehmen verlernt haben. „Glück ist gar nicht mal so selten, Glück wird überall beschert", verspricht uns Clemens Brentano. Folgen wir also den Dichtern und Schriftstellern, machen wir uns auf die Suche nach den Quellen des Glücks.

Viele Menschen finden das Glück in der Natur – ob hinter blühenden Apfelbaumzweigen wie Arno

Holz oder traumverloren in der Morgensonne sitzend wie Henry D. Thoreau. Draußen zu sein und sich, je nach Temperament, den lauen Sommerwind oder wilde Herbststürme um die Nase wehen zu lassen, gehört zu den kostenlosen Vergnügungen, die immer und überall zu haben sind. Überhaupt hat Glück nur selten etwas mit Geld und Gut zu tun. Auch wenn man Besitz nicht wie „Hans im Glück“ als Ballast zu sehen vermag, macht Geben doch meist glücklicher als Nehmen. Das Glück des anderen wichtiger zu nehmen als das eigene ist sogar ein wesentliches Merkmal jeder Liebe und Freundschaft – und damit, so paradox es scheint, eine höchst beglückende Erfahrung.

Kostbar wird das Glück nicht zuletzt durch seine Kehrseite, denn wer das Unglück nicht kennt, weiß das Glück nicht zu schätzen, und wer schon einmal richtig glücklich gewesen ist, wird manches Unglück und Zeiten der Traurigkeit gelassener hinnehmen.

Wenn gar nichts mehr hilft, kann das Träumen vom Glück uns trösten, und unsere Wünsche können uns die Kraft geben, die wir brauchen, um uns auf die Suche nach dem Silberstreif am Horizont zu machen.

Anspruchsdenken hingegen ist dem Glück eher hinderlich. Eigentlich sei es schon viel, wenn „die neuen Stiefel nicht drücken“, befand Fontane. Auch wenn wir nicht ganz so bescheiden sein möchten, sollten wir uns vielleicht wieder mehr darin üben, die kleinen Freuden des Alltags und seine leiblichen Genüsse mit allen Sinnen auszukosten – eine leuchtende Orange, ein saftiges Steak, eine duftende Tasse Tee oder das abendliche Glas Wein.

Doch so gut das Glück der Sinne schmeckt: Es währt meist kurz, und wir sollten, um mit Paul Scheerbart zu sprechen, nicht daran „kleben bleiben". Dies wiederum ist eine Frage der Haltung – und damit wären wir beim Schlusskapitel dieser Anthologie, das sich mit „Glücksrezepten" beschäftigt. Eine für alle und jeden gültige „Glücksformel" haben auch die Dichter und Philosophen nicht gefunden, wohl aber können sie uns lehren, so zu leben, dass wir das Glück zu uns einladen. Das beginnt damit, dass wir es erkennen, wenn es uns begegnet. Es bedeutet weiter, dass wir die Verantwortung für unser Glück übernehmen, statt darauf zu warten, dass der Himmel oder andere Menschen uns glücklich machen. Es ist an uns, Augen, Ohren, Kopf und Herz für die Schönheit zu öffnen, die uns umgibt, und uns dankbar an all das Glück zu erinnern, das wir schon erlebt haben. Und nicht zuletzt setzt Glück die Entscheidung voraus, gelassen, vielleicht sogar heiter zu akzeptieren, „was das Leben uns so lehrt".

Blütenregen, Schneegestöber

Ein Jahr voller Glücksmomente

Wirkung des Frühlings im menschlichen Gemüte

Wenn dort die Nachtigall die schlanke Zunge kräuselt;
Ergetzt das Ohr mein Herz. Wenn ein gelinder Wind
Mit sanfter Schmeichelei in lauen Lüften säuselt;
Beseelt mich das Gefühl. Wenn Floren Frühlingskind
Zibet und Ambra dampft, die Kräuter Balsam schwitzen;
Erquickt mich der Geruch, und wenn gereifte Frücht
Ihr säu'rlich süßes Nass auf Gaum und Zunge spritzen;
Entzückt mich der Geschmack. Wenn aber mein Gesicht
Im hellen Sonnenstrahl und heiterm Frühlingswetter
Der Felder güldnen Schmuck, der Wälder zarte Blätter,
Zumal der Gärten Pracht, der Blumen Glanz erblickt;
Ergetzt, erquickt, belebt, beseelt mich und entzückt
Ein Etwas, das mich selbst mir selber fast entrückt.

Barthold Hinrich Brockes

Hinter blühenden Apfelbaumzweigen

Hinter blühenden Apfelbaumzweigen
steigt der Mond auf.

Zarte Ranken,
blasse Schatten
zackt sein Schimmer in den Kies.

Lautlos fliegt ein Falter.

Ich strecke mich selig ins silberne Gras
und liege da
das Herz im Himmel!

Arno Holz

Einsamkeit

Das ist ein herrlicher Abend! Der ganze Körper ist nur ein Sinn und saugt Entzücken mit jeder Pore ein. Ich wandle mit gar seltsamer Freiheit in der Natur umher; ich bin ein Teil von ihr. Wenn ich am steinigen Teichufer in Hemdärmeln entlanggehe, obwohl es bewölkt und windig ist, und nichts, was meine Aufmerksamkeit besonders erregt, bemerke, dann fühle ich mich ungewöhnlich stark allen Elementen verwandt. Die Ochsenfrösche trompeten, um die Nacht anzukünden, und der Sang des Tagschläfers wird vom Wellengekräusel über das Wasser getragen. Es besteht ein solcher Einklang zwischen mir und jedem zitternden Erlen- oder Pappelblatt, dass ich kaum zu atmen vermag. Und doch ist mein tiefer Friede, wie der des Sees, nur gekräuselt, nicht gestört. Diese kleinen Wellen, die der Abendwind erweckt, sind so weit vom Sturm entfernt wie die glatte, spiegelnde Oberfläche des Wassers. Jetzt ist es dunkel geworden, doch noch weht rauchend der Wind durch den Wald, noch plätschern die Wellen, und ein Geschöpf singt das andere zur Ruh. Die Ruhe ist nie vollkommen. Die wilden Tiere rasten nicht, sondern suchen ihre Beute. Fuchs und Skunk und Kaninchen durchstreifen jetzt furchtlos Felder und Wälder. Sie sind die Nachtwächter der Natur – Bindeglieder, welche die Tage regen Lebens miteinander verbinden.

Nach Hause zurückgekehrt, bemerke ich, dass Besucher da gewesen sind und ihre Karten zurückgelassen haben: eine Handvoll Blumen, einen Kranz aus Immergrün oder einen Namen, der mit Bleistift auf ein gelbes Walnussblatt oder auf einen Span geschrieben wurde. Leute, die selten in den Wald kommen, nehmen gern ein Stückchen Wald in die Hände, um beim Wandern damit zu spielen; nachher werfen sie es irgendwo fort – absichtlich oder zufällig. Irgendjemand hat eine Weidenrute abgeschält, einen Ring daraus geformt und ihn auf meinen Tisch gelegt. Entweder an den umgebogenen Zweigen und Grashalmen oder an den Fußspuren konnte ich immer erkennen, ob Besucher während meiner Abwesenheit da gewesen waren. Ja, auch über ihr Geschlecht, ihr Alter und ihren Charakter wurde ich meistens aufgeklärt durch irgendeine unbedeutende zurückgelassene Spur: durch eine zur Erde gefallene Blume, durch ein Büschel Gras, das man ausgerissen und wieder fortgeworfen hatte, oder durch den noch in der Luft schwebenden Geruch einer Zigarre oder Pfeife. Eine halbe Meile weit, bis zur Eisenbahn, fand ich solche Spuren. Dass überhaupt ein Wanderer auf der ungefähr dreihundert Schritte entfernten Landstraße vorbeizog, erfuhr ich häufig nur durch den Duft einer Pfeife.

Meistens ist genügend Raum um uns herum. Unser Horizont stößt niemals dicht an unsere Ellbogen. Das Waldesdickicht ist nicht unmittelbar vor unserer Tür, auch nicht der See, sondern ein kleines Stück Natur ist für jeden von uns freigelegt, uns vertraut und angepasst und auf irgendeine Weise von uns erobert und umzäunt, von der Natur für uns zurückgefordert. Wozu habe ich dieses weite, mehrere Quadratmeilen große Waldgebiet zu meinem Privatgebrauch von meinen Mitmenschen erhalten? Mein nächster Nachbar wohnt eine Meile weit entfernt; im Umkreis von einer halben Meile ist von meinem Wohnort aus kein anderes Haus zu sehen, nur dann vielleicht, wenn man auf einen

Gipfel der Hügel steigt. Mein Horizont ist von Wäldern umrahmt und gehört mir ganz allein.

Henry D. Thoreau

Guter Rat

An einem Sommermorgen
Da nimm den Wanderstab,
Es fallen deine Sorgen
Wie Nebel von dir ab.

Des Himmels heitere Bläue
Lacht dir ins Herz hinein
Und schließt, wie Gottes Treue,
Mit seinem Dach dich ein.

Rings Blüten nur und Triebe
Und Halme von Segen schwer,
Dir ist, als zöge die Liebe
Des Weges nebenher.

So heimisch alles klinget
Als wie im Vaterhaus,
Und über die Lerchen schwinget
Die Seele sich hinaus.

Theodor Fontane

Sommerfreuden

Wenn ich sonntags im Garten sitze und hinüberschaue zu unserem pappelbehüteten, von Regen und Sonnenschein äußerlich schon ein wenig mitgenommenen Häuschen; wenn ich nachts vor dem Einschlafen noch wach liege und durch das geöffnete Fenster dem zärtlichen Geschwatze der Enten lausche, die ihr Nachtlager dicht an der Ufermauer aufgeschlagen haben; wenn mich am Gartentor zwei heftig wedelnde Schwänze erwarten, der eine lang und zugespitzt, wie es sich für einen Dackel, der andere mit goldenen Fransen behängt, wie es sich für einen Apportierhund gehört; wenn irgendein Handwerker kommt, zuerst einmal versunken stehen bleibt und dann sagt: „Schön habt ihr's hier!" – dann, und nicht nur dann, schicke ich ein kleines Dankgebet zum Himmel.

Ein Dankgebet für all diese Dinge, aber vielmehr noch für die Gnade, sie zu erleben.

Wie leid tun mir die Menschen, die solch wunderbare, klare Freuden nicht kennen, denen es nicht gegeben ist, zu entdecken, zu sehen, zu riechen, zu hören. Und es braucht doch nicht mehr als einen Gang ins Freie – oder noch weniger – den Schritt vor die Haustür und ein Paar geöffnete Augen. Aber die Augen werden zu oft verschattet von einer riesigen dunklen Figur: dem eigenen Ich. Es breitet sich aus, wird größer und größer, und da kann die schönste Landschaft, das zärtlichste Entchen liegen – nichts wird wahrgenommen.

Dabei fällt mir die hübsche Geschichte von der Sonne ein, die ich irgendwo gelesen und mir gemerkt habe: Einer der vielen Gehetzten, die sich sogar in den Ferien nicht davon abhalten lassen, jeden Morgen ihre Geschäftspost zu erledigen, eilte mit eben dieser Post in der Hand im Laufschritt über die Terrasse eines Hotels, als ein Bekannter, gemütlich im Lehnstuhl sitzend, den Hut halb über die Augen gezogen, ihn anrief:

„Weshalb laufen Sie so? Nennen Sie das Ferien? Kommen Sie, setzen Sie sich zu mir und helfen Sie mir, eine der größten Künste auszuüben."

„Eine der größten Künste?"

„Ja", antwortete der andere, „eine Kunst, die langsam verschwindet. Es gibt nicht mehr viele Leute, die sie kennen."

„Dann erklären Sie es mir bitte. Ich sehe Sie keinerlei Kunst ausüben."

„O doch", sagte der Mann im Lehnstuhl, „ich übe die Kunst aus, in der Sonne zu sitzen. Sie ist warm und riecht gut. Sie gibt uns ein friedliches Gefühl im Innern. Haben Sie je über die Sonne nachgedacht?", fragte er. „Sie hetzt sich niemals ab, ist nie aufgeregt, sie arbeitet langsam und macht keinen Lärm, sie drückt auf keine Knöpfe und antwortet nicht am Telefon, sie scheint ganz einfach und tut mehr Arbeit im Bruchteil eines Augenblicks, als Sie und ich in einem Leben tun könnten. Sie bringt die Blumen zum Blühen, die Bäume zum Wachsen, sie wärmt die Erde, lässt Obst und Gemüse und Getreide reifen, sie hebt das Wasser hoch, um es wieder auf die Erde zu senden, und vor allem gibt sie uns dieses inwendige friedliche Gefühl."

Abends am See kommen die Entenmütter angeschwommen mit ihren Jungen verschiedener Größe; es kommt eine stolze Schwanenfamilie in streng eingehaltener Formation: vorn die weiße Mutter, in der Mitte sechs graue Kinder, hinten der weiße Vater. Dass Tiere herrlich geborgen in Traditionen leben und deshalb keine Psychiater und Jugenderzieher nötig haben, das festzustellen ist lehrreich und wäre, von menschlichen Elternpaaren aus gesehen, eines ernsthaften Studiums wert. Doch alles hat seine zwei Seiten: Dass die Alten sich nicht scheuen, ihren Kleinen regelmäßig die besten Brocken vor den Schnäbeln wegzuschnappen, zeigt einen krassen Egoismus, der bei menschlichen Wesen unsere Verachtung hervorrufen würde, ganz zu schweigen von den schädlichen Folgen für den Nachwuchs. Ich habe noch von keiner Jugendkriminalität unter den Kindern egoistischer Eltern gehört.

Aber lassen wir allzu heikle Vergleiche – das Lied des Hochsommers, sein abendlauer Duft ist zu schön zum Philosophieren.

Claudine

Sommermittag

Wiese, lass mich ganz in dein
Wohlgefühl versinken,
dein legionenfältig Sein
als mein eignes trinken.

Deine breite Sonnenbrust
lass die meine werden,
meine Lust die feine Lust
deiner Gräserherden.

Mächtig schwelle mein Gesang
dann aus solchem Grunde,
künde Glückes Überschwang
höchster Sommerstunde.

Christian Morgenstern

Müßiggang

Im ersten Sommer las ich keine Bücher – ich hackte meine Bohnen. Ja, oftmals tat ich noch etwas Besseres! Es gab Zeiten, wo ich es nicht über mich gewinnen konnte, die Blüte des Augenblicks irgendeiner Arbeit des Kopfes oder der Hände zu opfern. Ich liebe es, meinem Leben einen weiten Spielraum zu geben. Bisweilen saß ich an einem

Sommertage, nachdem ich mein gewohntes Bad genommen hatte, vor meiner Tür im Sonnenschein von Sonnenaufgang bis zur Mittagstunde, traumverloren zwischen Fichten, Walnuss- und Sumachbäumen, in ungestörter Einsamkeit und Stille, während die Vögel ringsum sangen oder geräuschlos durch das Haus flatterten. Und erst, wenn sich die Sonne in dem westlichen Fenster meines Hauses spiegelte oder wenn das Rollen eines Reisewagens von der fernen Landstraße zu mir drang, erinnerte ich mich daran, wie schnell die Stunden verflogen.

An solchen Tagen wuchs ich wie der Mais in der Nacht. Sie waren auch weitaus besser, als irgendein Werk meiner Hände hätte sein können. Sie wurden meinem Erdenwallen nicht abgeschrieben, sondern zugelegt. Ich verwirklichte das, was die Orientalen unter Beschaulichkeit und Arbeitsentsagung verstehen. Meistens dachte ich gar nicht daran, dass Stunde auf Stunde verrann. Der Tag brach an, als ob er mein Werk beleuchten wolle. Es war Morgen, und – siehe da! – nun ist es Abend, und nichts von Bedeutung wurde getan. Statt wie die Vögel zu singen, war ich innerlich heiter über mein dauerndes Glück. Wie der zwitschernde Spatz, der auf dem Walnussbaum vor meinem Hause sitzt, so habe auch ich mein Lachen, mein Trillerlied, das vielleicht aus meinem Nest zu ihm hinüberschallt. Meine Tage waren keine Wochentage, waren nicht nach irgendeiner heidnischen Gottheit benannt, sie waren nicht in Stunden gehackt noch durch das Ticken einer Uhr zerfetzt. Nein, ich lebte wie die Puriindianer, die, wie man erzählt, „für gestern, heute und morgen nur *ein* Wort besitzen; sie modifizieren es dadurch, dass sie für gestern rückwärts, für morgen vorwärts und für heute nach oben deuten". Ich weiß sicher, dass meine lieben Mitbürger darin nur eine unglaubliche Faulheit erblicken. Doch wenn Vögel und Blumen mich mit ihrem Maß gemessen hätten, wäre ich nicht zu leicht befunden. Ein Mensch muss von innen heraus seine Impulse bekommen, das steht fest. Der Tag an sich ist sehr ruhig und wird ihm kaum seine Trägheit zum Vorwurf machen.

Henry D. Thoreau

Schönes, grünes, weiches Gras

Schönes, grünes, weiches Gras.
Drin liege ich.
Mitten zwischen Butterblumen!

Über mir,
warm,
der Himmel:
ein weites, zitterndes Weiß,
das mir die Augen langsam, ganz langsam
schließt.

Wehende Luft, ... ein zartes Summen.

Nun bin ich fern
von jeder Welt,
ein sanftes Rot erfüllt mich ganz,
und deutlich spür ich,
wie die Sonne mir durchs Blut rinnt –
minutenlang.

Versunken alles. Nur noch ich.

Selig.

Arno Holz

Inseltage

„Warst du wieder auf deiner Insel?“, fragt mich eine meiner Freundinnen mit leichtem Spott. Und wie ich bejahe: „Seltsam, du hast doch genug Phantasie, um deine Ferienziele zu variieren, für deine Recherchen reist du doch auch in alle Richtungen.“ – „Das ist es ja“, sage ich, „Abwechslung habe ich das Jahr über genug. Um richtig auszuspannen, fahre ich eben auf meine Insel.“ – „Und wie wäre es denn mit einer anderen? Hydra, Kreta, Rhodos?“ Ich schüttle den Kopf und sage nach einer Nachdenkpause: „Ist es mit Reisezielen nicht wie mit Menschen? Es macht zwar Spaß, neue kennenzulernen, doch man erholt sich am besten bei seinen alten Freunden.“ – „Ägina, Ithaka, Malta, Madeira …“, höre ich meine Freundin wie selbstvergessen murmeln, und die Litanei der Namen suggeriert Bläue und Ferienglück. Hat nicht der Duc de Berry in seinem Stundenbuch das Paradies als runde, im Weltenmeer treibende Insel dargestellt? Wurden nicht reale und imaginäre Inseln schon immer mit Menschheitsträumen besetzt? Kos, Sansibar, Sylt, Lanzarote, Formentera … Inseln sind isoliert, abgesondert vom Festland, vom Alltäglichen. Auf eine Insel fahren ist meist unbequem, immer ist da eine Leerzone, die überschifft werden muss. Früher, als die Schiffe am Hafen von Piombino noch kleiner waren, auf dem offenen Meer jedem Wellengang ausgesetzt, spürte man Besorgnis unter den Wartenden: In der Wetterprognose war „Mare mosso“ gemeldet worden. Noch heute ist das Wetter vielen Inselbewohnern ein unheimliches Element, das Schwimmen überlässt man den Fremden. So bleiben auf den großen, eleganten Fähren die alten Rituale erhalten: das hastige Futtern an der Bar – „Un panino con prosciutto crudo Pierina?“ (denn schon die Nonna hat gesagt, ein leerer Magen reist nicht gern) –, Kinder zanken um Sitzplätze, eine alte Frau legt sich der Länge nach auf eine der Kunstlederbänke, der Mann mit der Schirmmütze stellt sich schlafend; so überlistet man die Leerzone, bringt sie ohne Schaden hinter sich. Himmelblau, wassergrau, es gibt vor den mit salzigen Spritzern beschlagenen Fenstern kein Oben und kein Unten mehr. Das Schiff schlingert leicht, das Kind, das man eben noch angehalten hat, Fleischbrote zu verdrücken, wird hastig in Richtung Waschraum gezerrt. Habe ich recht getan, vom sichern Ufer abzustoßen?, frage ich mich. Auch im Sommer kann es wie aus Kübeln regnen, die Wege sind aufgeweicht, man ist für Tage in der kleinen Inselwohnung eingesperrt. Drüben über der Insel sind die Bedenken verflogen: blaue Löcher am Himmel. Auf der Fahrt über Land fallen mir kleine Veränderungen auf: ein neues Hotel im Rohbau, ein frisch geteerter Feldweg.

Die Vernarrtheit des Wiedererkennens. Dieser Reiz des „immer und immer wieder“.

Trotzdem sind die ersten Tage in der Abgeschiedenheit nicht leicht. Kein Telefon schrillt, nicht einmal ein Fernsehapparat im Inselhäuschen, die einzige Verbindung mit der Welt der Postino, der auf einem Motorrad Post in die Wildnis bringt. Va bene, Signora? Ich nicke, suche nach Schokolade für seine Kinder. Wie könnte er verstehen, dass ich sie kaum ertrage, diese ersten Inseltage? Dass ich die Flut der Bilder vermisse, den Lärm und die vielfältigen Störungen, dass mich das Vis-à-vis mit der Natur beklommen macht? Ich lese bei Pessoa im ‚Buch der Unruhe': „Die ländliche Friedsamkeit schmerzt und lastet. Eine gestaltlose Langeweile erstickt mich." Was soll also diese Entziehungskur vom alltäglichen Stress? Habe ich mich selbst verbannt? Ich halte es in der Einsamkeit nicht mehr aus, gehe den Macchiaweg hinauf ins Dorf. Auf der Piazza die übliche Sommermischung: Einheimische und Touristen, da und dort grüßen Bekannte. Tanggeruch aus dem Fischladen, Knoblauchschwaden aus dem Ristorante dei Poeti, es ist, als wäre ich nie von hier fortgegangen. Im Laden der Mirtilla kaufe ich Wein, Brot, Oliven und Schafskäse. Seit einem Vierteljahrhundert steht die Mirtilla in ihrem Laden, der dunkel und feucht ist wie das Innere einer Miesmuschel, steht bewegungslos in all den Gerüchen am Ladentisch, nie hat man etwas anderes von ihr als Oberkörper, ihr wächsernes, schönes Gesicht gesehen. Fünf Tage nach meiner

Ankunft höre ich auf, mich zu sperren, die Insel erobert mich zurück. Ich bade im Meer und steige durch den Pinienhain hinauf, meine Bewegungen werden harmonischer, ich bin nichts als ein heller Fleck, der sich zwischen der rhythmischen Schraffur der Stämme bewegt. Die Tage verlieren ihr Gewicht, ich bin wacher, nehme die Farben intensiver wahr, das Ohr ist geschärft für Zwischentöne: Die Insel, Ort des Rückzugs, füllt sich an mit Leben. Ibiza, Papua, Barbados, Jersey, Elba ... Nun, nach drei Wochen zurück auf dem Festland, nehme ich mir vor, mir im Alltag Inseln zu erhalten, Momente des Rückzugs und der Stille.

Eveline Hasler

Schlittenfahrt

Meine Großeltern hatten eine treue Kundschaft in Sankt Johann – zehn Kilometer von Eichkatzelried entfernt –, den „Dampflwirt", der sein ganzes Haus aus dem Geschäft meiner Großeltern einrichtete, soweit Kriegszeiten eine Einrichtung zuließen.

Weil nun eine Hand die andere wäscht, wurde eines Tages beschlossen, am Sonntag zu Mittag beim „Dampflwirt" ein großes Essen einzunehmen – ebenfalls, soweit es die Kriegszeiten zuließen. (Mit gutem Willen ließen sie erstaunlich viel zu, erinnere ich mich deutlich, sowohl beim Einrichten als auch beim Essen, wie gesagt ... eine Hand wäscht die andere.)

Es war tiefer Winter, aber ein klarer Tag. Es war ganz selbstverständlich, dass man nach Sankt Johann mit dem Schlitten fuhr. Es gab zwar die Eisenbahn, aber die war nicht oder kaum beheizt und unbequem. Außerdem erschienen so kurze Strecken meinen Großeltern für eine Eisenbahnfahrt unangemessen. Automobile gab es in ganz Eichkatzelried kein halbes Dutzend: Jeder der drei Ärzte hatte eins und vielleicht der Kreis-Ober-Nationalsozialist, von Taxi keine Rede.

Es wurde also für elf Uhr ein zweispänniger Schlitten vom Fuhrunternehmer Mariacher vors Haus bestellt.

Nach dem Frühstück und der Messe ergriff alle Beteiligten die Erregung. Meine Großmutter erkundigte sich am Telefon, auch das wird einst märchenhaft sein: Man drehte seitlich am Apparat an einer kleinen Kurbel; dann meldete sich das Fräulein vom Amt, meine Großmutter verlangte „Mariacher“ – Telefonnummern gab es wohl, aber niemand belastete sein Gedächtnis damit – das Telefonfräulein sagte: „Ja, Frau Rosendorfer“, sie kannte alle an der Stimme, und nach einiger Zeit meldete sich dann jemand auf der anderen Seite: „Ja?“, und meine Großmutter erkundigte sich, ob der Schlitten auch gewiss käme ... ja, gewiss ... pünktlich? ... pünktlich ... und so weiter.

Ich wurde in unzählige Pullover und Jacken gesteckt, in Mäntel und Übermäntel, bis ich so dick war, dass mein Onkel befürchtete, ich würde aus dem Schlitten rollen. Meine Großmutter zog alle drei Pelzmäntel dreimal an – einmal den schwarzen, einmal den braunen und einmal den grauen obenauf, je nach ihrem, oft minutenweise wechselnden Geschmack –, mein Großvater bürstete und kämmte sich kräftig und sorgfältig, dem Dienstmädchen, einem ältlichen Fräulein mit Namen Elsa, wurden substantiierte Anweisungen über das Verhalten während der Abwesenheit gegeben (verschiedene von jedem), es ging gegen halb elf. Um halb elf war man theoretisch fertig, um elf nicht mehr. Die überflüssige halbe Stunde hatte zu erneuten Dispositionen verleitet, die dann wieder mehr als eine halbe Stunde in Anspruch nahmen. Es wurde doch noch einmal nachgeheizt, meine Großmuter zog doch den schwarzen Pelzmantel *über* den anderen an, ich musste doch noch den Bleisoldaten ohne Kopf im Keller suchen, und so fort.

Gegen elf Uhr läutete es – „der Schlitten" –, ich eilte zum Fenster. Auf dem breiten Trottoir vor dem Geschäft stand er. Mit gesenkten Köpfen, dampfenden Nüstern und stampfend standen die beiden Pferde und rieben die Hälse aneinander. Der Kutscher mit der Peitsche schaute herauf und schrie – was jeder sah –, dass er jetzt da wäre.

„Einen Moment noch."

Der Kutscher wandte sich den Pferden zu, zupfte ihre Decken gerade, beschäftigte sich mit dem Schlitten. Heroben wurde abgesperrt, wieder aufgesperrt, weil drinnen der Schlüssel für die äußerste Tür liegen geblieben war … doch nicht liegen geblieben, er steckte, wieder zugesperrt. Meine Großmutter überlegte, ob sie nicht doch den grauen Pelzmantel … Geduldig stampften die Pferde in der klaren, ruhigen Kälte draußen, und der Kutscher rieb sich mit seinen grobwollenen Handschuhen das Gesicht.

Endlich war es so weit. Der Kutscher öffnete die spielerisch kleine, bauchige, verzierte Tür am Schlitten, ließ die beiden kleinen Trittbretter, eine Miniaturleiter, herunter, mit vereinten Kräften wurde meine Großmutter in den Wagen geschoben. Mein Großvater – er hatte seinen dicksten Überzieher an, mit Bisamfellen durchaus gefüttert, so schwer, dass ich den Mantel nicht aufzuheben vermochte – setzte sich neben sie, beide in Fahrtrichtung. Wer sonst noch mitfuhr, weiß ich nicht mehr, mein Onkel und meine Tante vielleicht, vielleicht ein anderer Onkel, der gerade auf Urlaub aus dem Feld war. Es war jedenfalls eine ganze Gesellschaft, eine richtige Schlittenpartie.

Als alle saßen, wurden die Knie in grobe, gelbschwarz-karierte, rotgeränderte Decken gewickelt, eine andere Decke darüber gelegt und dann eine dritte. Pinzi (das war ich) sollte eigentlich zwischen den Großeltern in wohliger Wärme wie in einem Nest sitzen. Ich tobte aber und schrie: Ich wolle auf den Bock. „Gut, du gehst auf den Bock." Meine Großmutter gab wieder Anweisungen, wie ich an dieser ausgesetzten Stelle richtig vor der Kälte geschützt werden musste: eine Decke um den Körper gewickelt, unter den Achseln, eine über die Knie, eine über das Ganze drüber.

Nach längerem Hin und Her, ob nichts vergessen wäre, wurde der Befehl zum Aufbruch gegeben.

Der Kutscher schnalzte mit der Peitsche, die Pferde zogen das Kreuz durch, scharrten mit den Hinterfüßen kräftig ein paar Mal im brettharten Schnee der Straße und zogen dann mit einem Ruck, der alles durcheinanderschüttelte, den Schlitten vom Fleck. Einmal angezogen, glitten die Kufen – vorne hoch aufgebogen wie das Geweih eines exotischen Widders – auf der verschneiten Straße dahin. Auf dem Trottoir vor dem Haus hatte eines der Pferde sein Siegel zurückgelassen: hellgoldgelben, dampfenden Haferextrakt, der kraft seiner Wärme leicht in den Schnee eingesunken war.

Es war kalt, aber kein Hauch bewegte die schwer mit Schnee beladenen, in der Wintersonne tausendfach blitzenden und glitzernden Fichten am Rand der damals noch fast unbebauten Straße von Eichkatzelried nach Sankt Johann. Lautlos lag die Welt, das wahrhaft majestätische Massiv des Wilden Kaisers – wie das Totenmonument eines urweltlichen Herrschers – lag, deutlich sichtbar mit jeder Schrunde und Spitze, tieftaubenblau über dem verschneiten Land in der kristallklaren Luft des eisigen Wintermorgens ... das sanft gebogene Eichkatzelrieder Horn, bis zum Gipfel mit Schnee bedeckt, goldglänzend die Sonnenseiten, feenblau die Schatten, darüber der hellblaue, fast zerbrechlich weiße, makellose Himmel. Wie tief die Welt verschneit war, konnte man an den sommers mannshohen Zaunpfosten entlang der Straße sehen, die jetzt nicht mehr als handbreit – schwarzbraun, mit einem hohen Gupf Schnee bedeckt – aus dem weithin unberührten, jungfräulichen, jede Unebenheit des Bodens nivellierenden, strahlen weißen Schnee ragten ... das einzige Geräusch – es ist wirklich wie ein Märchen – waren die Schellen an den Halftern der Pferde, die im Takt der trabenden Schritte in einem ausdauernden, fröhlichen, nicht zu langsamen, aber dennoch geruhsamen Allegro die Begleitung zur Fröhlichkeit der Schlittenpartie klingelten.

Im steten Trab, bald eine sanfte Kurve nach links, bald nach rechts, ging es voran. Die Ache wurde überquert: ein Eisbach, dessen Anblick schon ängstigt, wenn man sieht, wie sein grünes Wasser über dick gefrorene Steine und zwischen den ebenfalls dick mit poliertem Eis überkrusteten, wie gepanzerten Ufern dahinschoss. Die sichere Brücke mit dem tief verschneiten Geländer führte uns darüber.

Auf einer ungefährlichen, geraden Strecke erlaubte mir der Kutscher, die Zügel zu führen. Jauchzend, rotwangig vor Aufregung und Kälte, fasste ich die Zügel, schnalzte mit der Zunge, und während ich glaubte, wir flögen dahin im Flaum der verschneiten Welt, gefror mir der Rotz zwischen Nase und Mund, eine winterliche Herrlichkeit.

Wir näherten uns Oberndorf, einem kleinen Weiler auf der Hälfte des Weges. Die Bauern standen nach der Elf-Uhr-Messe in kleinen Gruppen vor der Kirche und redeten oder schickten sich an, zum „Kramerwirt" hineinzugehen. Selbstverständlich übernahm hier der Kutscher wieder die Zügel, vielleicht durfte ich sie danach kurz noch einmal halten, dann war man in Sankt Johann.

Knirschend im harten, niedergetretenen Schnee der Straße vorm „Dampflwirt" hielt der Schlitten, die Schellen verklangen in einer Fermate, die in der Begrüßung des Wirtes unterging. Wir waren natürlich längst gemeldet, der Tisch war reserviert in der Extrastube, eine Magd legte eben noch einen Arm voll Buchenscheiter in den hohen, weißen, kuppelförmigen, mit grünen Warzen verzierten Ofen, der Duft des Harzes der im Feuer krachenden Scheiter durchzog fein und wohlig die alte

Holztäfelung des Raumes ... vermischt mit dem Duft der Leberknödelsuppe.

Stühle wurden gerückt, der Wirt rieb sich die Hände, unzählige Mäntel wurden abgelegt, der Kutscher spannte draußen die Pferde aus. Sie kamen in den Stall zu den Sankt Johanner Kollegen, er in die Küche, wo er wohl den Mägden in die Schenkel zwickte und darüber hinaus vereinbarungsgemäß verköstigt wurde.

Im Folgenden begleitete die Fröhlichkeit der Schlittenpartie das Klingen der Messer und Gabeln über den Schnitzeln und Koteletten, über dem wacholderduftenden Kraut, über den knusprigen Erdäpfeln, über den faustgroßen Knödeln, mit brauner Butter übergossen, aus denen die roten Speckbröcklein lugten, über der Lebern in Rahmsauce für meine Großmutter – ihr Leibgericht – und über die gedünstete Zunge und den aufgeplatzten, leicht angerösteten Bratwürsten für meinen Großvater, und wurden hie und da unterbrochen durch das Klingen der kleinen, bauchigen Weingläser, aus denen die Herren der Partie Roten, die Damen und dazu ich Glühwein tranken: Rotwein, mit Nelken, etwas Zucker und Zitronenschalen versetzt, siedend in einem Kupferkessel an den Tisch gebracht und hier angezündet, dass eine kaum sichtbare bläuliche Flamme hoch aufzüngelte, der dann mit Messingkellen in die Gläser geschöpft wurde.

Nicht nur die eisige, kristallene Kälte des Wintersonntags mit seinem metertiefen Schnee, die Feindlichkeiten des Lebens überhaupt, die Zeit, alles verwich vor der behaglichen, scheiterknisternden, bratenduftenden Genüsslichkeit des getäfelten Raumes.

Es kam dann noch Kaffee, kostbarer Bohnenkaffee („von bloß Kern", wie ihn meine Großmutter zum Unterschied vom Ersatzkaffee nannte), Streuselkuchen und meterlange, goldbraune, fetttriefende Strauben und Schlagrahm und für die Erwachsenen kleine Gläschen mit glasklarem, ölgelbem Obstschnaps, schwarzgebrannt ohne Zweifel, der nach den prangenden Früchten des Herbstes roch und der so scharf war, dass man überhaupt nichts schmeckte, bis nicht seine wohltätige Wirkung vom Magen aus ihre tausend seligen Arme in alle Teile des Körpers reckte, was auch ich merkte, als ich ein klein wenig am Gläschen meiner Großmutter nippen durfte.

Der Wirt setzte sich, nachdem die Kompanie der Mägde die leeren Schüsseln und Teller abgeräumt hatte, ein wenig zu uns, es wurde über allerhand gesprochen, was mich nicht interessierte. Ich schaute derweil eine illustrierte Zeitung an, und der Wirt hielt einen langen Pechspan in die nachgerade höllische Glut des Ofens und zündete damit seine Deckelpfeife und meinem Großvater und meinen Onkeln eine Zigarre an, sodass dieser weltliche

Weihrauch den entschwindenden Geruch des Essens ersetzte.

Als es dämmerte – dort im tiefen Winter um drei Uhr –, wurde dem Kutscher geheißen, die Pferde wieder anzuspannen. Es wurde selbstverständlich nicht bezahlt, sondern mit irgendwelchen Tuchentbezügen und Leintüchern verrechnet. Dann kam der Aufbruch.

Die nächtliche Luft schlug uns ein wie ein Tuch unter der gedrungenen Tür des Gasthauses entgegen. Freiwillig verzichtete ich jetzt auf den Platz am Bock und setzte mich zwischen meine Großeltern. Wieder zogen die Pferde mit einem Ruck, der alles schüttelte, den Schlitten an. Der Wirt und die Wirtin verabschiedeten sich laut und gestikulierend, wir winkten zurück.

Die Dämmerung, und bald die Nacht, verzauberte die Landschaft vollends. Tiefblau zogen sich die langen Schatten, die die schwarzen Fichten im vollen Mondlicht warfen, über die schweigend verschneiten Felder. Die Nacht wölbte sich mit den tausend funkelnden Sternen über die winterliche Einsamkeit der Straße. Von den Höfen blitzten die rötlichen Lichter der kleinen erleuchteten Fenster, die fast vom Schnee erstickt schienen. Der dampfende Atem der Pferde war nicht mehr zu sehen, das Klingeln der Schellen weckte hie und da die Krähen in den Fichten, die sich schreiend erhoben und hinter uns sich wieder in die Zweige setzten, die jedes Mal einen Berg ihrer Last an Schnee polternd entluden.

Die – obwohl verschneit – tiefschwarzen Berge hoben sich in einem Panorama von Silhouetten vom unendlich glasig-smaragdenen Himmel ab, und nichts, kein Hauch, kein Atem, nur die unendliche, eisige, glasharte und spröde Ruhe des mächtigen Winters schien um uns in dem jetzt eiligeren Schlitten – eingehüllt in Decken, satt und warm.

Als wir die Stadt erreichten, dämpften die ersten Häuser den Schritt der Pferde und das Klingeln der Schellen.

Daheim hatte Elsa das Feuer bewacht. Das ganze Haus war bald erleuchtet. Kälte und Schlitten hatten wieder hungrig gemacht, und während der Tisch gedeckt wurde, hörte man draußen den Kutscher schnalzen, die Pferde ein letztes Mal anziehen und die Schellen der Geschirre, dieses liebliche Divertimento des Winters, wie es früher war, in die Nacht hinaus verklingen.

Ein Winter-Märchen ... und das märchenhafteste davon ist, dass es dennoch alltäglich war. Kann man das heute einem Kind anders erzählen, als erzählte man ein Märchen? Bin ich schon so alt, dass eine ganze Welt versunken ist, seit ich ein Kind war? Ich glaube nicht, dass ich mich täusche, dass der Glanz der Erinnerung mich täuscht: Diese Welt gibt es nicht mehr. So einen Winter gibt es nicht mehr.

Herbert Rosendorfer

*„Du brauchst nur zu lieben,
und alles ist Freude"*

Vom Glück der Liebe und Freundschaft

Meine papiernen Brieftauben

Dem Sturm vertraute ich mit Entzücken
meine papiernen Brieftauben an,
hielt sie hoch empor, war glücklich,
wenn er sie mir entriss und
sie bald nur noch wie weiße Pünktchen
vor meinen Augen aufblitzten
im Sonnenlicht ...
flogen, flogen – und meine Gedanken
ihnen nach.
Wer wird sie finden? Ein Mann,
eine Frau, ein Kind?
Und sich wundern, sich freuen und fragen:
Wer schickt mir diesen Gruß?

Marie von Ebner-Eschenbach

Die Nacht im Hotel

Der Nachtportier strich mit seinen abgebissenen Fingerkuppen über eine Kladde, hob bedauernd die Schultern und drehte seinen Körper zur linken Seite, wobei sich der Stoff seiner Uniform gefährlich unter dem Arm spannte.

„Das ist die einzige Möglichkeit“, sagte er. „Zu so später Stunde werden Sie nirgendwo ein Einzelzimmer bekommen. Es steht Ihnen natürlich frei, in anderen Hotels nachzufragen. Aber ich kann Ihnen schon jetzt sagen, dass wir, wenn Sie ergebnislos zurückkommen, nicht mehr in der Lage sein werden, Ihnen zu dienen. Denn das freie Bett in dem Doppelzimmer, das Sie – ich weiß nicht aus welchen Gründen – nicht nehmen wollen, wird dann auch einen Müden gefunden haben."

„Gut", sagte Schwamm, „ich werde das Bett nehmen. Nur, wie Sie vielleicht verstehen werden, möchte ich wissen, mit wem ich das Zimmer zu teilen habe; nicht aus Vorsicht, gewiss nicht, denn ich habe nichts zu fürchten. Ist mein Partner – Leute, mit denen man eine Nacht verbringt, könnte man doch fast Partner nennen – schon da?"

„Ja, er ist da und schläft."

„Er schläft", wiederholte Schwamm, ließ sich die Anmeldeformulare geben, füllte sie aus und reichte sie dem Nachtportier zurück; dann ging er hinauf.

Unwillkürlich verlangsamte Schwamm, als er die Zimmertür mit der ihm genannten Zahl erblickte, seine Schritte, hielt den Atem an, in der Hoffnung, Geräusche, die der Fremde verursachen könnte, zu hören, und beugte sich dann zum Schlüsselloch hinab. Das Zimmer war dunkel. In diesem Augenblick hörte er jemanden die Treppe heraufkommen, und jetzt musste er handeln. Er konnte fortgehen, selbstverständlich, und so tun, als ob er sich im Korridor geirrt habe. Eine andere Möglichkeit bestand darin, in das Zimmer zu treten, in welches er rechtmäßig eingewiesen worden war und in dessen Bett bereits ein Mann schlief.

Schwamm drückte die Klinke herab. Er schloss die Tür wieder und tastete mit flacher Hand nach dem Lichtschalter. Da hielt er plötzlich inne: Neben ihm – und er schloss sofort, dass da die Betten stehen müssten – sagte jemand mit einer dunklen, aber auch energischen Stimme:

„Halt! Bitte machen Sie kein Licht. Sie würden mir einen Gefallen tun, wenn Sie das Zimmer dunkel ließen."

„Haben Sie auf mich gewartet?", fragte Schwamm erschrocken; doch er erhielt keine Antwort. Stattdessen sagte der Fremde:

„Stolpern Sie nicht über meine Krücken, und seien Sie vorsichtig, dass Sie nicht über meinen Koffer fallen, der ungefähr in der Mitte des Zimmers steht. Ich werde Sie sicher zu Ihrem Bett dirigieren: Gehen Sie drei Schritte an der Wand entlang, und dann wenden Sie sich nach links, und wenn Sie wiederum drei Schritte getan haben, werden Sie den Bettpfosten berühren können."

Schwamm gehorchte: Er erreichte sein Bett, entkleidete sich und schlüpfte unter die Decke. Er hörte die Atemzüge des anderen und spürte, dass er vorerst nicht würde einschlafen können.

„Übrigens", sagte er zögernd nach einer Weile, „mein Name ist Schwamm."

„So", sagte der andere.

„Ja."

„Sind Sie zu einem Kongress hierhergekommen?"

„Nein. Und Sie?"

„Nein."

„Geschäftlich?"

„Nein, das kann man nicht sagen."

„Wahrscheinlich habe ich den merkwürdigsten Grund, den je ein Mensch hatte, um in die Stadt zu fahren", sagte Schwamm. Auf dem nahen Bahnhof rangierte ein Zug. Die Erde zitterte, und die Betten, in denen die Männer lagen, vibrierten.

„Wollen Sie in der Stadt Selbstmord begehen?", fragte der andere.

„Nein", sagte Schwamm, „sehe ich so aus?"

„Ich weiß nicht, wie Sie aussehen", sagte der andere, „es ist dunkel."

Schwamm erklärte mit banger Fröhlichkeit in der Stimme: „Gott bewahre, nein. Ich habe einen Sohn, Herr ..." (der andere nannte nicht seinen Namen), „einen kleinen Lausejungen, und seinetwegen bin ich hierhergefahren."

„Ist er im Krankenhaus?"

„Wieso denn? Er ist gesund, ein wenig bleich zwar, das mag sein, aber sonst sehr gesund. Ich wollte Ihnen sagen, warum ich hier bin, hier bei Ihnen in diesem Zimmer. Wie ich schon sagte, hängt das mit meinem Jungen zusammen. Er ist äußerst sensibel, mimosenhaft, er reagiert bereits, wenn ein Schatten auf ihn fällt."

„Also ist er doch im Krankenhaus."

„Nein", rief Schwamm, „ich sagte schon, dass er gesund ist, in jeder Hinsicht. Aber er ist gefährdet, dieser kleine Bengel hat eine Glasseele, und darum ist er bedroht."

„Warum begeht er nicht Selbstmord?", frage der andere.

„Aber hören Sie, ein Kind wie er, ungereift, in solch einem Alter! Warum sagen Sie das? Nein, mein Junge ist aus folgendem Grunde gefährdet: Jeden Morgen, wenn er zur Schule geht – er geht übrigens immer allein – jeden Morgen muss er vor einer Schranke stehenbleiben und warten, bis der Frühzug vorbei ist. Er steht dann da, der kleine Kerl, und winkt, winkt heftig und freundlich und verzweifelt."

„Ja und?"

„Dann", sagte Schwamm, „dann geht er in die Schule, und wenn er nach Hause kommt, ist er verstört und benommen, und manchmal heult er auch. Er ist nicht imstande, seine Schularbeiten zu machen, er mag nicht spielen und nicht sprechen: Das geht nun schon seit Monaten so, den lieben Tag. Der Junge geht mir kaputt dabei!"

„Was veranlasst ihn denn zu solchem Verhalten?"

„Sehen Sie", sagte Schwamm, „das ist merkwürdig: Der Junge winkt, und – wie er traurig sieht – es winkt ihm keiner zurück; man kann die Reisenden natürlich nicht dazu zwingen, und es wäre absurd und lächerlich, eine diesbezügliche Vorschrift zu erlassen, aber ..."

„Und Sie, Herr Schwamm, wollen nun das Elend Ihres Jungen aufsaugen, indem Sie morgen den Frühzug nehmen, um dem Kleinen zu winken?"

„Ja", sagte Schwamm, „ja."

„Mich", sagte der Fremde, „gehen Kinder nichts an. Ich hasse sie und weiche ihnen aus, denn ihretwegen habe ich – wenn man's genau nimmt – meine Frau verloren. Sie starb bei der ersten Geburt."

„Das tut mir leid", sagte Schwamm und stützte sich im Bett auf. Eine angenehme Wärme floss durch seinen Körper; er spürte, dass er jetzt würde einschlafen können.

Der andere fragte: „Sie fahren nach Kurzbach, nicht wahr?"

„Ja."

„Und Ihnen kommen keine Bedenken bei Ihrem Vorhaben? Offener gesagt: Sie schämen sich nicht, Ihren Jungen zu betrügen? Denn was Sie vorhaben, Sie müssen es zugeben, ist doch ein glatter Betrug, eine Hintergehung."

Schwamm sagte aufgebracht: „Was erlauben Sie sich, ich bitte Sie, wie kommen Sie dazu!" Er ließ sich fallen, zog die Decke über den Kopf, lag eine Weile überlegend da und schlief dann ein.

Als er am nächsten Morgen erwachte, stellte er fest, dass er allein im Zimmer war. Er blickte auf die Uhr und erschrak: Bis zum Morgenzug blieben ihm noch fünf Minuten, es war ausgeschlossen, dass er ihn noch erreichte.

Am Nachmittag – er konnte es sich nicht leisten, noch eine Nacht in der Stadt zu bleiben – kam er niedergeschlagen und enttäuscht zu Hause an.

Sein Junge öffnete ihm die Tür, glücklich, außer sich vor Freude. Er warf sich ihm entgegen und hämmerte mit den Fäusten gegen seinen Schenkel und rief:

„Einer hat gewinkt, einer hat ganz lange gewinkt."

„Mit einer Krücke?", fragte Schwamm.

„Ja, mit einem Stock. Und zuletzt hat er sein Taschentuch an den Stock gebunden und es so lange aus dem Fenster gehalten, bis ich es nicht mehr sehen konnte."

Siegfried Lenz

Das Geschenk

Als ich noch klein war, nahmen mein Vater und ich an jedem Heiligabend die U-Bahn nach Downtown Manhattan, wo wir Geschenke für meine Mutter, meine Tante, meine Freunde, meine Lehrerin und andere wichtige Menschen in meinem Leben einkauften. Das waren jeweils besondere, ja geradezu magische Momente. Alles war für Weihnachten dekoriert. Die Fenster der Läden an der

Fifth Avenue waren märchenhaft; in manchen gab es ganze mechanische Dörfer, die in Bewegung waren, oder einen winkenden Weihnachtsmann. Es war fast immer kalt, und auf den abendlichen Straßen drängten sich lächelnde Menschen, die wunderschön eingepackte Pakete im Arm trugen; die Frauen trugen Pelzmäntel und die Männer Mäntel mit Samtkragen. Wenn ich heute, nach mehr als fünfzig Jahren, daran zurückdenke, meine ich noch zu sehen, wie die Freude der Menschen in den dunklen Straßen leuchtete. Aus jeder offenen Tür drangen die Klänge von Weihnachtsmusik. In meiner Erinnerung schneit es immer, und alle haben Schneeflocken auf den Mänteln und in den Haaren.

Wir begannen immer am Rockefeller Square, betrachteten staunend den riesigen, wunderbar geschmückten Weihnachtsbaum und diskutierten darüber, ob der Baumschmuck in diesem Jahr schöner war als im letzten. Natürlich war er es jedes Mal. Wir sahen den Schlittschuhläufern eine Zeit lang zu. Dann gingen wir die Fifth Avenue hinab, machten in jedem Laden halt und dachten an die Menschen, die ich liebte, einen nach dem anderen, und schauten uns dann sehr viele Dinge an, bis ich für jeden von ihnen genau das Richtige gefunden hatte. Irgendwann im Laufe des Abends gab mir mein Vater dann seine große goldene Taschenuhr und sagte mir, wenn die läutete, dann sollte ich mich an genau dieser Stelle wieder einfinden. Dann ging ich allein los in das Geschäft, vor dem wir standen, um ein Geschenk für ihn zu finden. Und während ich unterwegs war, machte mein Vater seine eigenen Einkäufe.

Ich durfte lange aufbleiben, viel länger als an jedem gewöhnlichen Tag, und es war oft kurz vor Mitternacht, wenn wir nach Hause kamen, die Arme voller Päckchen, die alle in den Geschäften mit Geschenkpapier eingewickelt worden waren. Meine Mutter wartete immer mit einem heißen Kakao auf uns, und dann zeigten wir ihr die wunderschönen Päckchen und erzählten ihr von den herrlichen Dingen, die wir für jedermann gefunden hatten – außer natürlich von dem Geschenk, das wir für sie gefunden hatten.

Das war eine Gelegenheit, an alle Menschen zu denken, die ich liebte – wer sie waren und worüber sie sich freuen könnten. Ich erinnere mich noch an das unbeschreibliche Gefühl, die einzelnen Geschenke zu finden, und die freudige Erregung des Erkennens, wenn klar war, dass ein Geschenk genau das Richtige für einen bestimmten Menschen war. Es war auch eine riesige Freude, das Geschenkpapier und die Bänder auszusuchen und dann zuzusehen, wie jedes Geschenk für jedes der einzigartigen Individuen ganz speziell verpackt wurde. Ich liebte es, Geschenke auszusuchen; es machte mich sehr glücklich.

Wenn ich zurückdenke, dann wird mir klar, dass ich tatsächlich beim Auspacken der meisten Geschenke nicht dabei war. Sie wurden mit der Post verschickt oder unter den Weihnachtsbaum anderer Familien gelegt. Aber das spielte irgendwie keine Rolle. Der wichtige Moment war nicht das Aufmachen oder der Dank. Was tatsächlich wichtig war, war der Segen, jemanden zu haben, den man liebte.

Rachel Naomi Remen

„Wäre die Liebe nur Glück ..."

Wäre die Liebe nur Glück, sie wäre wenig. Aber sie ist Erlösung, Menschwerdung, ist Sonne, die alle geschlossenen Blüten wachküsst, ist Regen, der alle verborgenen Keime zum Sprießen bringt, Gewittersturm, unter dem die verschmachtete Erde zu neuem Leben erwacht. In ihr findet alle Unruhe Gleichmaß, alle Sehnsucht Erfüllung. Gott ist die Liebe, sagen die Frommen und wissen nicht, was sie tun, wenn sie den verdammen, der da sagt: Die Liebe ist Gott.

Lily Braun

Ein Nachspiel

Schön ist's, miteinander schweigen,
Schöner, miteinander lachen, –
Unter seidenem Himmelstuche
Hingelehnt zu Moos und Buche
Lieblich laut mit Freunden lachen
Und sich weiße Zähne zeigen.

Macht' ich's gut, so woll'n wir schweigen;
Macht' ich's schlimm –, so woll'n wir lachen
Und es immer schlimmer machen,
Schlimmer machen, schlimmer lachen,
Bis wir in die Grube steigen.

Freunde! Ja! So soll's geschehn?
Amen! Und auf Wiedersehn!

Friedrich Nietzsche

Was kann er für sie tun?!?

Was kann ich für Dich tun?!?
Ich kann auf dem Spaziergang Deinen Mantel tragen – – –
ich kann Dich, wie Du gestern schliefest, fragen – –.
Ich kann, wenn man Dir widerspricht, mit meinem Blicke sagen:
„Du hast recht, nur Du!“
Ich kann, wenn Du nicht da bist, bedrückt und kränklich sein – – – –
ich kann vor Glück erbeben, trittst Du ein – –.
Ich kann mein Opernglas Dir leihen im Theater
und Komplimente über seine Tochter machen zu Deinem Vater.
Ich kann Dir süße Mandarinen bringen
und manche kleine Aufmerksamkeit wird mir gelingen.
Mein Herz jedoch wird unerbittlich fragen, ohne zu ruh’n:
„Was kann ich für sie tun?!?“

Peter Altenberg

Die Herzensfrau

Der Mittag liegt mit mir im Gras,
Die Wolken ziehn tiefblaue Straß,
Die Welt ist grün und weiß und blau,
Zu mir setzt sich die Herzensfrau.
„Rot", spricht sie, „ist die ganze Welt,
Wenn man zum Kuss den Mund hinhält."

Max Dauthendey

„… und wäre jetzt gern bei Dir"

… und wäre jetzt gern bei Dir. Sehr gern würde ich etwas für Dich tun, Dir eine Zeitung mit guten Nachrichten kaufen, Frühstücksbutter aus Deinem Mundwinkel küssen, vielleicht Deine Kniekehlen streicheln, irgendwas. Ich bin fast umgefallen, als Du mich angerufen hast, Deine Stimme so nah und so schrecklich weit weg. Dir zuliebe kann ich alles tun, arbeiten, früh aufstehen, vernünftig sein. Ich bin ganz benommen, wenn Du mich anrufst. Alles ist gut, solange es mit uns stimmt, gleichgültig, ob ein Glück dabei herauskommt. Ich brauche kein Glück, ich kann auch ohne Illusion mit Dir lachen.

Hast Du mein blaues Feuerzeug bei Dir? Vermisst Du mich? Bist Du wieder in Deiner Wohnung gewesen? Und ob wir zusammen nach San

Francisco fahren (gibt es dort Straßencafés wie in Paris)? Ich möchte so gern mit Dir nach San Francisco fahren, chinesische Zeitungen lesen, die Seehunde bellen hören und mich mit Dir auf der Himmelfahrtsbahn fotografieren lassen. Denkst Du noch an das Haus in Bercy-les-Landes und an die vielen Schuhe im Flur? Die Fahrräder im Anbau, der Autofriedhof neben dem Schloss, die Sommernachtsfrösche im Wasserbassin und die vielen, nach Staub und Jod riechenden Brennnesseln dort? Und die Nacht, als wir aufwachten, weil es zu regnen anfing, und Du ranntest barfuß die dunkle Treppe hinunter und hinaus in den Regen, weil wir vergessen hatten, das Autodach zuzumachen. Aber es war schon zu spät, der Vordersitz triefnass, die Zeitungen und Landkarten aufgeweicht. Und wie Du nass zu mir in das Bett zurückgekommen bist! Und als wir zum ersten Mal nach Tagen wieder die Zeitung lasen im Café an der Küstenstraße, im heißen, hitzigen Wind mit dem vielen Staub, aber wir blieben vorm Café sitzen und lasen Zeitung, jeder die Hälfte, und die Seiten flatterten über die Hände und ließen sich nicht mehr richtig zusammenlegen. Dann flog die halbe Zeitung weg und Du ranntest hinter den Seiten her über die Straße, ein Lieferwagen stoppte im letzten Moment, und Du ranntest ziemlich weit auf den Strand hinaus und kamst mit zerknüllter Zeitung ins Café zurück und warst fast beleidigt, weil ich lachte.

Ich denke daran und nichts fehlt mir. Ich möchte immer an solche Sachen denken, und ich möchte mich immer auf etwas freuen. Ich muss diese Freude empfinden können, wenn ich nicht nur ein Mensch sein soll, der mehr oder weniger einseitig funktioniert. Funktionieren, schon das Wort ist schrecklich. Ich funktioniere nicht. Ich will nichts geschenkt bekommen und ich will nichts auslassen, aber ich will, dass es das jederzeit für mich gibt: Freude, mit oder ohne Grund, mit Dir und allein – vielleicht nur einen Moment lang wie im Februar, als wir von der Party bei Mona nach Hause kamen und Hunger hatten und im Küchenschrank die Rosinen fanden, die ich für die Amseln in Deiner Straße gekauft hatte – erinnerst Du Dich? Wir standen in Mänteln in der Küche und waren todmüde, gleichzeitig überwach, auf verrückte Weise unruhig und glücklich und hatten auf einmal Lust, die Rosinen selber zu essen. Wir aßen die Rosinen am Fenster und hörten die Amseln draußen im Schnee, in der Morgendämmerung, und dann wolltest Du keine Rosinen mehr und standest bloß da und sahst mich an, ununterbrochen, direkt, wie Du mich noch nie angesehen hattest – und dass Du mich dann in die Arme genommen hast! Sag mir, dass wir lebendige Menschen sind. Schreib mir, nein, schreib mir nicht gleich. Zuerst ruf mich an, ich warte so sehr auf …

Christoph Meckel

„Sieh, der Himmel wird blau“

Glück und Unglück

„Vergiss nicht das Süße …“

Vergiss nicht das Süße und vergiss nicht das Schwere. Wenn dich eine Gleichgültigkeit und Lieblosigkeit ankommen will, so spanne dein Gedächtnis an und denke an all das Schöne, denke an all das Schwere. Denke, dass es ein Leben gibt und dass es einen Tod gibt, denke, dass es Seligkeiten gibt und dass es Gräber gibt. Sei nicht vergesslich, sondern denke dran!

Robert Walser

Lechaim!

Vor vielen Jahren schenkte mein Großvater mir einen silbernen Weinpokal; er war so klein, dass er nicht mehr als einen Fingerhut voll Wein aufnahm. In den Kelch war in feiner Gravur ein Bogen, an dem lange Bänder flatterten, eingraviert. Dieser Kelch war vor langer Zeit in Russland hergestellt worden. Er gab ihn mir an einem jener vielen Nachmittage, an denen wir zusammen am Küchentisch in der Wohnung meiner Eltern saßen, Sätze aus seinen alten Büchern auswendig lernten und über die Natur des Lebens diskutierten. Ich war damals noch sehr jung, nicht älter als fünf oder sechs Jahre, und wenn ich begann, zappelig zu werden, dann verstand er meine Aufmerksamkeit wieder zu fesseln, indem er den sakramentalen Concord-Traubenwein herausholte, den er hinten im Kühlschrank aufbewahrte. Dann füllte er meinen ziselierten Pokal mit Manischevitz und gab einen Schuss Wein in seinen eigenen Pokal, einen großen silbernen Zeremonialkelch, der schon Generationen alt war. Wir brachten dann zusammen einen Trinkspruch aus. Bis dahin war die einzige andere Feier, die ich kannte, das Singen von „Happy Birthday" und das Ausblasen der Kerzen. Aber dies gefiel mir noch besser.

Mein Großvater hatte mir den Trinkspruch beigebracht, den wir verwendeten. Er bestand aus einem einzigen hebräischen Wort, *Lechaim!*, was, wie er mir sagte, „Auf das Leben!" bedeutet. Er sprach es immer mit großem Enthusiasmus aus. „Heißt das, auf ein glückliches Leben, Opa?", fragte ich ihn einmal. Er schüttelte verneinend den Kopf: „Einfach nur ‚Auf das Leben!', Nesuhumele."

Zuerst machte mir das nicht viel Sinn, und ich rang darum, den Sinn zu verstehen. „Ist das vielleicht wie ein Gebet?", fragte ich unsicher.

„Aber nein, Neshume-le", antwortete er. „Wir beten um Dinge, die wir nicht haben. Das Leben haben wir ja schon."

„Aber warum sagen wir dies dann, bevor wir Wein trinken?", bohrte ich weiter. Er lächelte mich vergnügt an. „Großvater!", sagte ich, plötzlich misstrauisch geworden. „Hast du dir das ausgedacht?" Er lächelte wieder und versicherte mir, er habe es nicht. Seit Tausenden von Jahren hätten Menschen auf der ganzen Welt das zueinander gesagt, bevor sie Wein tranken. Es sei eine jüdische Tradition.

Ich dachte eine Zeitlang darüber nach. „Steht es in der Bibel geschrieben, Opa?", fragte ich schließlich. „Nein, Neshume-le", entgegnete er, „es steht im Herzen der Menschen geschrieben." Als er meinen verwirrten Gesichtsausdruck sah, sagte er mir, *Lechaim!* bedeute, dass das Leben heilig und des Feierns wert sei, ganz gleich, welche Schwierigkeiten es uns bringe, ganz gleich, wie schwer oder schmerzvoll oder unfair es sein möge. „Deshalb ist auch der Wein süß – um uns daran zu erinnern, dass das Leben an sich ein Segen ist."

Es ist fast fünfundfünfzig Jahre her, dass ich meinen Großvater zuletzt habe sprechen hören, aber ich erinnere mich noch sehr gut an die Freude, mit der er den Trinkspruch auf das Leben ausbrachte, und an das Blinken in seinen Augen, mit dem er *Lechaim!* sagte. Ich habe es immer für besonders bemerkenswert gehalten, dass ein Volk, für welches das Leben nicht gerade leicht gewesen ist, über Generationen gerade diesen Trinkspruch ausgebracht hat. Aber vielleicht kann er *nur* von einem solchen Volk ausgebracht werden, und nur jene, die wirklichen Verlust erlitten und die sehr gelitten haben, können seine Macht verstehen.

Lechaim! ist eine Weise, das Leben zu leben. Je älter ich wurde, desto weniger schien es mir bei dem Spruch um das Feiern des Lebens zu gehen, sondern immer mehr um die Weisheit, sich für das Leben zu entscheiden. In den vielen Jahren, in denen ich nun an Krebs erkrankte Menschen beraten habe, habe ich immer wieder Menschen sich für das Leben entscheiden sehen, trotz Verlust und Schmerz und Schwierigkeiten. Die gleiche, nicht zum Schweigen zu bringende Freude, die ich in den Augen meines Großvaters gesehen habe, ist auch in all diesen Menschen.

Rachel Naomi Remen

„Möglichst viel Glück ..."

Möglichst viel Glück, sagt man. Aber wie, wenn die höchste Glücksempfindung einen Menschen voraussetzte, der auch Allertiefstes *gelitten* haben muss? Wenn Glücksgefühl überhaupt erst möglich wäre in einem durch Lust *und* Unlust gereiften Herzen? Wer möglichst viel Glücksmöglichkeiten fordert, muss auch möglichst viel Unglück fordern oder er negiert ihre Grundbedingungen.

Christian Morgenstern

Im Hafen von Sydney

Auf dem Fährschiff zurück von Manly war eine kleine alte Dame, die mich sprechen hörte.

„Sie sind Engländer, nicht wahr?“, sagte sie mit einem nordenglischen Akzent. „Ich höre, dass Sie Engländer sind.“

„Ich bin es.“

„Ich *auch!*“

Sie trug eine Stahlrandbrille mit dicken Gläsern und einen hübschen Filzhut mit einem winzigen blauen Schleier über der Krempe.

„Besichtigen Sie Sydney?“, fragte ich sie.

„O Gott, nein, mein Guter!“, sagte sie. „Ich lebe seit 1946 hier. Ich bin hergekommen, um bei meinem Sohn hier zu leben, aber dann passierte etwas Seltsames. Als das Schiff hier eintraf, war er gestorben. Stellen Sie sich das mal vor! Ich hatte mein Haus in Doncaster aufgegeben, also dachte ich mir, dass ich genauso gut bleiben könnte! Also habe ich meinen zweiten Sohn gebeten, herzukommen und bei mir zu leben. Also kam er her … wanderte aus … und wissen Sie, was?“

„Nein.“

„Er *starb.* Er hatte einen Herzinfarkt und starb.“

„Schrecklich!“, sagte ich.

„Ich hatte einen dritten Sohn“, fuhr sie fort. „Er war mein Lieblingssohn, aber er starb im Krieg. Dünkirchen, Sie verstehen! Er war sehr mutig. Ich bekam einen Brief von seinem Offizier. Sehr mutig war er! Er war an Deck ... mit brennendem Öl übergossen ... und er warf sich ins Meer. Oooh! Er brannte wie eine *Fackel* bei lebendigem Leib!"

„Das ist *wirklich* schrecklich!"

„Aber heute ist ein schöner Tag", lächelte sie. „Ein schöner Tag, nicht wahr?"

Es war ein klarer, sonniger Tag mit hohen weißen Wolken und einer Brise, die vom Meer in Richtung der Küste wehte. Ein paar Yachten, die nach draußen segelten, hielten auf The Heads zu. Andere Yachten hatten das Spinnakersegel gesetzt. Das alte Fährschiff stampfte vor den weißen Schaumkronen auf das Opernhaus und die Brücke zu.

„Und es ist so schön draußen in Manly!", sagte sie. „Ich bin immer so gern mit meinem Sohn nach Manly gefahren ... bevor er *starb!* Aber ich war seit zwanzig Jahren nicht mehr dort!"

„Aber es ist doch so nah", sagte ich.

„Aber ich habe das Haus sechzehn Jahre nicht verlassen. Ich war *blind*, mein Guter! Ich hatte auf beiden Augen den grauen Star und konnte nicht mehr die Hand vor der Nase sehen. Der Augenarzt hatte gesagt, es sei hoffnungslos, und so saß ich da. Stellen Sie sich das mal vor! Sechzehn Jahre im Dunkeln! Und dann kommt dieser nette Sozialarbeiter vor ein paar Wochen und sagt: ‚Diesen grauen Star lassen wir besser einmal untersuchen.' Und sehen Sie mich jetzt an!"

Ich blickte durch die Gläser in ein paar strahlende – strahlend war das richtige Wort – blaue Augen.

„Sie haben mich ins Krankenhaus gebracht“, sagte sie. „Und sie haben den grauen Star herausgeschnitten! Ist das nicht wunderbar? Ich kann sehen!“

„Ja“, sagte ich. „Es ist wunderbar!“

„Ich bin zum ersten Mal allein unterwegs“, vertraute sie mir an. „Ich habe keiner Seele etwas gesagt. Ich dachte mir beim Frühstück: Es ist ein *wunderbarer* Tag. Ich nehme den Bus bis zum Circular Quay und fahre mit dem Fährschiff nach Manly ... genau wie in der guten alten Zeit. Ich hatte Fisch zum Mittagessen. Oh, es war wunderbar!“

Sie machte einen Buckel, sah mich verschmitzt an und kicherte.

„Wie alt würden Sie mich schätzen?“, fragte sie.

„Ich weiß nicht“, sagte ich. „Ich muss Sie genauer ansehen. Ich würde sagen, Sie sind achtzig.“

„Nein, nein, nein“, lachte sie. „Ich bin dreiundneunzig ... und ich kann *sehen!*“

Bruce Chatwin

Trost

Tröste dich, die Stunden eilen,
Und was all dich drücken mag,
Auch das Schlimmste kann nicht weilen,
Und es kommt ein andrer Tag.

In dem ew'gen Kommen, Schwinden,
Wie der Schmerz liegt auch das Glück,
Und auch heitre Bilder finden
Ihren Weg zu dir zurück.

Harre, hoffe. Nicht vergebens
Zählest du der Stunden Schlag,
Wechsel ist das Los des Lebens,
Und – es kommt ein andrer Tag.

Theodor Fontane

Nach einem Regen

Sieh, der Himmel wird blau;
Die Schwalben jagen sich
Wie Fische über den nassen Birken.
Und du willst weinen?

In deiner Seele werden bald
Die blanken Bäume und blauen Vögel
Ein goldnes Bild sein.
Und du weinst?

Mit meinen Augen
Seh ich in deinen
Zwei kleine Sonnen.
Und du lächelst.

Richard Dehmel

Das ferne Glück

Sehnsucht und Erinnerung

„In himmelblauer Ferne …“

In himmelblauer Ferne,
Da liegt und lacht ein Paradies,
Da singen die Sirenen,
Da trocknen alle Tränen,
Da wohnt das Glück.
In himmelblauer Ferne …

Arno Holz

Traumland

Manchmal muss ich wieder jener stillen Tage gedenken, die mir sind wie ein wundersames, glücklich verbrachtes Leben, das ich fraglos genießen konnte, gleich einem Geschenk aus gütigen, unbekannten Händen. Und jene kleine Stadt im Talesgrund ersteht da wieder in meiner Erinnerung mit ihrer breiten Hauptstraße, durch die sich eine lange Allee prachtvoller Lindenbäume hinzieht, mit ihren winkeligen Seitengassen, die erfüllt sind von heimlich schaffendem Leben kleiner Kaufleute und Handwerker und mit dem alten Stadtbrunnen mitten auf dem Platze, der im Sonnenschein so verträumt plätschert und wo am Abend zum Rauschen des Wassers Liebesgeflüster klingt. Die Stadt aber scheint von vergangenem Leben zu träumen.

Und sanft geschwungene Hügel, über die sich feierliche, schweigsame Tannenwälder ausdehnen, schließen das Tal von der Außenwelt ab. Die Kuppen schmiegen sich weich an den fernen, lichten Himmel, und in dieser Berührung von Himmel und Erde scheint einem der Weltraum ein Teil der Heimat zu sein. Menschengestalten kommen mir auf einmal in den Sinn, und vor mir lebt wieder das Leben ihrer Vergangenheit auf, mit all seinen kleinen Leiden und Freuden, die diese Menschen ohne Scheu einander anvertrauen durften.

Acht Wochen habe ich in dieser Entlegenheit verlebt; diese acht Wochen sind mir wie ein losgelöster, eigener Teil meines Lebens – ein Leben für sich – voll eines unsäglichen, jungen Glückes, voll einer starken Sehnsucht nach fernen, schönen Dingen. Hier empfing meine Knabenseele zum ersten Male den Eindruck eines großen Erlebens.

Ich sehe mich wieder als Schulbube in dem kleinen Haus mit einem kleinen Garten davor, das, etwas abgelegen von der Stadt, von Bäumen und Gesträuch beinahe ganz versteckt liegt. Dort bewohnte ich eine kleine Dachstube, die mit wunderlichen alten, verblassten Bildern ausgeschmückt war, und manchen Abend habe ich hier verträumt in der Stille, und die Stille hat meine himmelhohen, närrisch-glücklichen Knabenträume liebevoll in sich aufgenommen und bewahrt und hat sie mir später noch oft genug wiedergebracht – in einsamen Dämmerstunden. Oft auch ging ich am Abend zu meinem alten Onkel hinunter, der beinahe den ganzen Tag bei seiner kranken Tochter Maria verbrachte. Dann saßen wir drei stundenlang schweigend beisammen. Der laue Abendwind wehte zum Fenster herein und trug allerlei verworrenes Geräusch an unser Ohr, das einem unbestimmte Traumbilder vorgaukelte. Und die Luft war voll von dem starken, berauschenden Duft der Rosen, die am Gartenzaune blühten. Langsam schlich die Nacht ins Zimmer und dann stand ich auf, sagte „Gute Nacht“ und begab mich in meine Stube hinauf, um dort noch eine Stunde am Fenster in die Nacht hinaus zu träumen.

Georg Trakl

Mein Garten

Schön ist mein Garten mit den goldnen Bäumen,
Den Blättern, die mit Silbersäuseln zittern,
Dem Diamantentau, den Wappengittern,
Dem Klang des Gong, bei dem die Löwen träumen,
Die ehernen, und den Topasmäandern
Und der Volière, wo die Reiher blinken,
Die niemals aus dem Silberbrunnen trinken ...
So schön, ich sehn mich kaum nach jenem andern,
Dem andern Garten, wo ich früher war.
Ich weiß nicht wo ... Ich rieche nur den Tau,
Den Tau, der früh an meinen Haaren hing,
Den Duft der Erde weiß ich, feucht und lau,
Wenn ich die weichen Beeren suchen ging ...
In jenem Garten, wo ich früher war ...

Hugo von Hofmannsthal

Langsame stunden überm fluss

Langsame stunden überm fluss
Die welle zischt wie im verdruss
Da von dem feuchten wind gefrischt
Ein schein bald blendet bald verwischt.

Wir standen hand in hand am strand
Da sah sie ähren in dem sand
Sie trat hinzu und brach davon
Und fand auf diesen tag den ton:

Beginnend klang er hell und leicht
Wie von dem ziel das wir erreicht
Dann ward er dumpfer als sie sang
Vom fernen glück – wie bang! wie lang!

Stefan George

Im Walde

Ich könnte heute noch im Walde wie ein Knabe spielen: aus Steinen und Holzstücken Häuser bauen, mit dürren Zweiglein Straßen abstecken und Haine bilden, einen Felsblock zum Range eines Alpengipfels erheben und einem Hirschkäfer und seiner Frau die Herrschaft über das alles verleihen. Und dieses kleine Reich würde mich glücklicher machen und meine Fantasie umständlicher erregen und beschäftigen – als ein noch so großes der Wirklichkeit. So habe ich einmal, mit 35 Jahren, acht Tage am Strande von Sylt mit Bauen und Zimmern einer Strandhütte verbracht und war wohl selten so von Herzen froh wie bei diesem harmlosen Spiel.

Christian Morgenstern

Das Glück am Weg

Ich saß auf einem verlassenen Fleck des Hinterdecks auf einem dicken, zwischen zwei Pflöcken hin und her gewundenen Tau und schaute zurück. Rückwärts war in milchigem, opalinem Duft die Riviera versunken, die gelblichen Böschungen, über die der gezerrte Schatten der schwarzen Palmen fällt, und die weißen, flachen Häuser, die in unsäglichem Dickicht rankender Rosen einsinken. Das alles sah ich jetzt scharf und springend, weil es verschwunden war, und glaubte den feinen Duft zu spüren, den doppelten Duft der süßen Rosen und des sandigen, salzigen Strandes. Aber der Wind ging ja landwärts, schwärzlich rieselnd lief er über die glatte, weinfarbene Fläche landwärts. So war es wohl nur Täuschung, dass ich den Duft zu spüren glaubte. Dann sprangen dort, wo golden der breite Sonnenstreifen auf dem Wasser lag, drei Delfine auf und sprudelten sprühendes Gold und spielten gravitätisch und haschten sich heftig rauschend und tauchten plötzlich wieder unter. Leer lag der Fleck und wurde wieder glatt und blinkte. So tanzen vor einem feierlichen Festzug radschlagende Gaukler und Lustigmacher, so liefen betrunkene, bocksfüßige Faune vor dem Wagen des Bakchos einher ...

Jetzt hätte es dort aufrauschen müssen, und wie der wühlende Maulwurf weiche Erdwellen aufwerfend den Kopf aus den Schollen hebt, so hätten sich die triefenden Mähnen und rosigen Nüstern der scheckigen Pferde herausheben müssen, und die weißen Hände, Arme und Schultern der Nereiden, ihr flutendes Haar und die zackigen, dröhnenden Hörner der Tritonen. Und in der Hand die rotseidenden Zügel, an denen grüner Seetang hängt und tropfende Algen, müsste er im Muschelwagen stehen, Neptun, kein langweiliger, schwarzbärtiger Gott, wie sie ihn zu Meißen aus Porzellan machen, sondern unheimlich und reizend, wie das Meer selbst, mit weicher Anmut, frauenhaften Zügen und Lippen, rot wie eine giftig rote Blume ...

Über das leere, glänzende Meer lief schwärzlich rieselnd der leise Wind. Am Horizont, nicht ganz dort, wo in der kommenden Nacht wie ein schwarzblauer Streif der bergige Wall von Korsika auftauchen sollte, stand ein winziger schwarzer Fleck.

Nach einer Stunde war das Schiff recht nahe gegen unseres gekommen. Es war eine Yacht, die offenbar nach Toulon fuhr. Wir mussten sie fast streifen. Mit guten Augen unterschied man schon recht deutlich die Maste und Rahen, ja sogar die Vergoldung, dort, wo der Name des Schiffes stand. Ich wechselte meinen Platz, trug meinen englischen Roman ins Lesezimmer zurück und holte mein Fernglas. Es war ein sehr gutes Glas. Es brachte mir einen bestimmten runden Fleck des fremden Schiffes ganz nahe, fast unheimlich nahe. Es war, wie wenn man durchs Fenster in ein ebenerdiges Zimmer schaut, worin sich Menschen bewegen, die man nie gesehen hat und wahrscheinlich nie kennen wird; aber einen Augenblick belauscht man sie ganz in der engen dumpfen Stube, und es ist, als ob man ihnen da unsäglich nahe käme.

Den runden Fleck in meinem Glas begrenzte schwarzes Tauwerk, messingeingefasste Planken, dahinter der tiefblaue Himmel. In der Mitte stand eine Art Feldsessel, auf dem lag, mit geschlossenen Augen, eine blonde junge Dame. Ich sah alles ganz deutlich: den dunklen Polster, in den sich die Absätze der kleinen lichten Halbschuhe einbohrten, den moosgrünen breiten Gürtel, in dem ein paar halboffene Rosen steckten, rosa Rosen, La-France-Rosen ...

Ob sie schlief?

Schlafende Menschen haben einen eigentümlichen, naiven, schuldlosen, traumhaften Reiz. Sie sehen nie banal und nie unnatürlich aus.

Sie schlief nicht. Sie schlug die Augen auf und bückte sich um ein heruntergefallenes Buch. Ihr Blick lief über mich, und ich wurde verlegen, dass ich sie so anstarrte, aus solcher Nähe; ich senkte das Glas, und dann erst fiel mir ein, dass sie ja weit war, dem freien Auge nichts als ein lichter Punkt zwischen braunen Planken, und mich unmöglich bemerken könne. Ich richtete also wieder das Glas auf sie, und sie sah jetzt wie verträumt gerade vor sich hin. In dem Augenblick wusste ich zwei Dinge: dass sie sehr schön war und dass ich sie kannte. Aber woher? Es quoll in mir auf, wie etwas Unbestimmtes, Süßes, Liebes und Vergangenes. Ich versuchte, es schärfer zu denken: ein gewisser kleiner Garten, wo ich als Kind gespielt hatte, mit weißen Kieswegen und Begonienbeeten ... aber nein, das war es nicht ... damals musste sie ja auch ein kleines Kind gewesen sein ... ein Theater, eine Loge mit einer alten Frau und zwei Mädchenköpfe, wie biegsame lichte Blumenköpfe hinter dem Zaun ... ein Wagen, im Prater, an einem Frühlingsmorgen ... oder Reiter? ... Und der starke Geruch der taufeuchten Lohe und Kastanienblütenduft und ein gewisses helles Lachen ... aber das war ja jemand anderes Lachen ... ein gewisses Boudoir mit einem kleinen Kamin und einem gewissen hohen Louis-Quinze-Feuerschirm ... alles das tauchte auf und zerging augenblicklich, und in jedem dieser Bilder erschien schattenhaft diese Gestalt da drüben, die ich kannte und nicht kannte, diese schmächtige lichte Gestalt und die blumenhafte müde Lieblichkeit des kleinen Kopfes und darin die faszinierenden, dunklen, mystischen Augen ... Aber in keinem der Bilder blieb sie stehen, sie zerrann immer wieder, und das vergebliche Suchen wurde unerträglich. Ich kannte sie also nicht. Der Gedanke verursachte mir ein unerklärliches Gefühl von Enttäuschung und innerer Leere; es war mir, als hätte ich das Beste an meinem Leben versäumt. Dann fiel mir ein: Ja, ich kannte sie, das heißt, nicht wie man gewöhnlich Menschen kennt, aber gleichviel, ich hatte hundertmal an sie gedacht, Hunderte von Malen, Jahre und Jahre hindurch.

Gewisse Musik hatte mir von ihr geredet, ganz deutlich von ihr, am stärksten Schumannsche; gewisse Abendstunden auf grünen Veilchenwiesen, an einem rauschenden kleinen Fluss, darüber der feuchte, rosige Abend lag; gewisse Blumen, Anemonen mit müden Köpfchen ... gewisse seltsame Stellen in den Werken der Dichter, wo man aufsieht und den Kopf in die Hand stützt und auf einmal vor dem inneren Aug' die goldenen Tore des Lebens aufgerissen scheinen ... Alles das hatte von ihr geredet, in all dem war das Phantasma ihres Wesens gelegen, wie in gläubigen Kindergebeten das Phantasma des Himmels liegt. Und alle meine heimlichen Wünsche hatten sie zum heimlichen Ziel gehabt: In ihrer Gegenwart lag etwas, das allem einen

Sinn gab, etwas unsäglich Beruhigendes, Befriedigendes, Krönendes. Solche Dinge begreift man nicht: Man weiß sie plötzlich.

Ja, ich wusste noch viel mehr; ich wusste, dass ich mit ihr eine besondere Sprache reden würde, besonders im Ton und besonders im Stil: Meine Rede wäre leichtsinniger, beflügelter, freier, sie liefe gleichsam nachtwandelnd auf einer schmalen Rampe dahin; aber sie wäre auch eindringlicher, feierlicher, und gewisse seltsame Saitensysteme würden verstärkend mittönen.

Alle diese Dinge dachte ich nicht deutlich, ich schaute sie in einer fliegenden, vagen Bildersprache.

In dem Augenblick war uns das fremde Schiff recht nah; näher würde es wohl kaum kommen.

Ich wusste noch mehr von ihr: Ich wusste ihre Bewegungen, die Haltung ihres Kopfes, das Lächeln, das sie haben würde, wenn ich ihr gewisse Dinge sagte. Wenn sie auf der Terrasse säße, in einer kleinen Strandvilla in Antibes (ganz ohne Grund dachte ich gerade Antibes), und ich käme aus dem Garten und bliebe unter ihr stehen, drei Stufen unter ihr (und mir war, als wüsste ich ganz genau, das würde hundertmal geschehen, ja beinahe, als wäre es schon geschehen ...), dann würde sie mit einer undefinierbaren reizenden kleinen Pose die Schultern wie frierend in die Höhe ziehen und mich mit ihren mystischen Augen ernst und leise spöttisch von oben herab ansehen ...

Es liegt unendlich viel in Bewegungen: Sie sind die komplizierte und fein abgetönte Sprache des Körpers für die komplizierte und feine Gefallsucht der Seele, die eine Art Liebesbedürfnis und eine Art Kunsttrieb ist; Koketterie ist ein sehr plumpes Wort dafür. In dieser kleinen Pose lag für mich eine Unendlichkeit von Dingen ausgedrückt: eine ganz bestimmte Art, ernsthaft, zufrieden und in Schönheit glücklich zu sein; ganz bestimmte graziöse, freie, wohltuende Lebensverhältnisse, und vor allem mein Glück lag darin ausgedrückt, die Bürgschaft meines tiefen, stillen, fraglosen Glückes. Alle diese Gedanken waren ohne Sentimentalität, mit einer sicheren ruhigen Anmut erfüllt. Dabei sah ich ununterbrochen hinüber. Sie war aufgestanden und sah gerade zu uns her. Und da war mir, als ob sie leise, mit unmerklichem Lächeln den Kopf schüttelte. Gleich darauf bemerkte ich mit einer Art stumpfer Betäubung, dass die Schiffe schon wieder anfingen, sich leise voneinander zu entfernen. Ich empfand das nicht als etwas Selbstverständliches, auch nicht als eine schmerzliche Überraschung, es war einfach, als glitte dort mein Leben selbst weg, alles Sein und alle Erinnerung, und zöge langsam, lautlos gleitend, seine tiefen, langen Wurzeln aus meiner schwindelnden Seele, nichts zurücklassend als unendliche, blöde Leere. Mir war, als fühlte ich fröstelnd, wie durch diese Leere ein Lufthauch lief. Stumpf, gedankenlos aufmerksam sah ich zu, wie sich zwischen sie und mich ein leerer, reinlicher, emailblauer, glänzender Wasserstreifen legte, der immer breiter wurde. In hilfloser Angst sah ich ihr nach, wie sie mit langsamen Schritten schlank und biegsam eine kleine Treppe hinabstieg, wie Ruck auf Ruck in der Luke der grüne Gürtel verschwand, dann die feinen Schultern und dann das dunkelgoldene Haar. Dann war nichts mehr von ihr da, nichts. Für mich war es, als hätte man sie in einen schmalen, kleinen Schacht gelegt und darüber einen schweren Stein und darauf Rasen. Als hätte man sie zu den Toten gelegt, ja, gar nichts konnte sie mehr für mich sein. Wie ich so hinstarrte auf das schwindende Schiff, das sich ein wenig gedreht hatte, kehrte sich mir unter Bord etwas Blinkendes zu. Es waren vergoldete Genien, goldene, an das Schiff geschmiedete Geister, die trugen auf einem Schild in blinkenden Buchstaben den Namen des Schiffes: „La Fortune" ...

Hugo von Hofmannsthal

Das Erinnern nimmt jährlich zu

Die Sonne ging herbstlich tief – ich stand auf einem künstlichen Berge des Gartens – er war eine Sternwarte für mich, und der ruhige Himmel breitete sich unten auf dem Boden aus – das Getöse und

Geläute der Stadt schlug in die Stille herein – ich sah hinunter über die langen Kreuzgänge aus Gipfeln und die glänzende beseelte Ebene und über das holde Wasserstück mit seinen Schwanen und mit den Spiegelbildern der vorbeigehenden Strandbewohner und mit dem nachgemalten tiefern Himmelsblau und über die bunte Brücke (das Zeichen der irdischen Flucht) und über die Trauerweiden mit hängenden Armen – und ich dachte an den Frühling dieses Jahres, wo ich alles zum ersten Mal genoss, und an die Nachtigallen, welche damals auf den Bäumen an der Brücke schlugen; und die Frühlingsmorgen feierten wieder die Maienfeste in meiner Brust: Da dacht' ich zwar bewegt: Es ist wieder vorbei, und es kommt mir lange vor; aber ich sagte mir auch: „Dein Erinnern nimmt jährlich zu; sonst musste ein Tag ein paar Jahre weit zurückgewichen sein, um sich zu verklären, jetzt gehest du kaum einige Schritte vor einem kalten, hellen Tautropfen vorbei, so kannst du dich umsehen, und er glänzet herrlich bunt in seiner Blume nach." Wie muss erst ein sechzigjähriger Kopf mit Erinnerungen, den Votivgemälden unseres Herzens, vollgehangen sein! – Wenn also die Jahre kommen, wo der graue Mensch an einem schönen Frühlingstag ins Freie geht, bloß um den alten Körper zu wärmen und zu regen, ohne alle vorige Absichten und Aussichten auf eine ins Unabsehliche hinausblühende Zukunft voll Avantüren und Länder; wenn diese kalte, aber ruhige Zeit kommt; so wend ich meinen Kopf nur rückwärts in dieselbe magische Perspektive, aus der ich noch dazu herkomme, und das alte Herz sonnet sich an der tiefen Wintersonne. Wie an Menschen, die einem frostigen Wind entgegengehen, so sieht an Alten das Gesicht bleich und eingewurzelt aus; kehren aber beide es um, so wird es warm und blühet wieder rot.

Platner sagt: Wir haben nur ein Gedächtnis für die Freude, nicht für den Schmerz; ich sage: Wir haben für beide dasselbe Gedächtnis – ja wir haben ein stärkeres für das Fehlschlagen der Hoffnungen als der Besorgnisse –, aber nicht dieselbe Fantasie; diese mildert und verklärt, also zieht sie auch um den Schmerz den Regenbogen.

Alle Glieder veralten am Menschen, aber doch nicht das Herz. Mit jedem Jahr werd ich meines jünger und weicher schreiben. Wenn ich Jünglinge sehe, werden sie mich so gut wie jetzt die Kinder mit ihren Rosenfesten laben, und ich werde ihnen zurufen: „O feiert sie nur recht hinaus, bis der Morgenstern am Himmel steht, aber erhitzt und erkältet euch nicht!" – Und meine guten Jugendfreunde, die mit mir denselben Blumengarten des Lebens gemeinschaftlich bewohnt haben, ach wie können sie mir in der kalten Jahreszeit im Garten, wo schon mancher unter seinem Beete liegt, begegnen, ebenso gebückt von der Zeit wie ich, ohne dass mich diese zurückgebliebnen Frühlinge meines Daseins bis tief ins Herz erleuchten und erwärmen? – Und an Frühlingstagen und an Geburtstagen will ich den Mumienkasten öffnen und die alten Briefe und meine Antworten lesen, und mein ganzes Herz wird sich jugendlich erfüllen, und ich werde mit nassen Augen sagen: Hab ich nicht eine ganze Ewigkeit vor mir zur Liebe?

Und wenn, wie im Haydn'schen Konzert, ein Konzertist um den andern sein Licht auslöscht und mit dem Instrumente hinausgeht und ich etwa der Kontrabassist sein soll, der zuletzt spielt – ach nein, ich werde schon eher mein Licht ausblasen und die Noten einstecken; aber wär's auch: Wir kommen doch alle wie im Haydn'schen Stücke mit unsern Lichtern wieder. – –

Lebe wohl! Ich danke dir, dass ich dich bis hierher habe zum sanften Begleiter wählen dürfen. Ich packe jetzt auf morgen ein und nehme Abschied von so mancher Seele, die ich liebe. Sonderbar wirret sich jetzt Gegenwart und Zukunft, Reise und Alter durcheinander. – Und doch liegt der Abend draußen so hellrot um die Welt! – Und nie lieg' er anders um deine, du Geliebter! –

Jean Paul

„Wenn es Winter sein wird …"

Wenn es Winter sein wird,
werde ich Erinnerungen haben,
sanfter, reicher und herrlicher als je.
Ich fühle das. Als ob ich
kostbare Gewebe in Truhen hätte,
die ich nicht öffnen kann,
weil ungeordnete Tage
wie schwere Gefäße
auf ihren Deckeln stehen.
Einmal wird Ordnung sein,
und ich werde die Deckel heben
und durch dichten Duft
nach den Stoffen greifen,
die zu entfalten ein Fest ist.

Rainer Maria Rilke

„Und du hebst das Glas"

Vom Glück der kleinen Dinge

„Keine Zeit auf Erden, um zu schlafen!“

Keine Zeit auf Erden, um zu schlafen!

Ich hatte keinen besonderen Anlass, glücklich zu sein, ich war es aber. Ich wusste, dass ich alles, was ich sehe, verlassen werde, aber nicht vergessen: – die Arkade in der Nacht, wo ich schaukle und schaue, beziehungsweise höre, ein Droschkenpferd wiehert, die spanische Fassade mit den gelben Vorhängen, die aus schwarzen Fenstern flattern, dann wieder das Wellblech irgendwo, sein Hall durch Mark und Bein, mein Spaß dabei, meine Wollust, Wind, nichts als Wind, der die Palmen schüttelt, Wind ohne Wolken, ich schaukle und schwitze, die grüne Palme ist biegsam wie eine Gerte, in ihren Blättern tönt es wie Messerwetzen, Staub, dann die Gusseisen-Laterne, die zu flöten beginnt, ich schaukle und lache, ihr zuckendes und sterbendes Licht, es muss ein beträchtlicher Sog sein, das wiehernde Pferd kann die Droschke kaum halten, alles will fliehen, das Schild von einem *barber-shop*, Messing, sein Klingeln in der Nacht, und das unsichtbare Meer spritzt über die Mauern, dann jedesmal Donner im Boden, darüber zischt es wie eine Espresso-Maschine, mein Durst, Salz auf den Lippen, Sturm ohne Regen, kein Tropfen will fallen, es kann nicht, weil keine Wolken, nichts als Sterne, nichts als der heiße und trockene Staub in der Luft, Backofenluft, ich schaukle und trinke einen Scotch, einen einzigen, ich vertrage nichts mehr, ich schaukle und singe. Stundenlang. Ich singe! Ich kann ja nicht singen, aber niemand hört mich, das Droschkenpferd auf dem leeren Pflaster, die letzten Mädchen in ihren fliegenden Röcken, ihre braunen Beine, wenn die Röcke fliegen, ihr schwarzes Haar, das ebenfalls fliegt, und die grüne Jalousie, die sich losgerissen hat, ihr weißes Gelächter im Staub, und wie sie über das Pflaster rutscht, die grüne Jalousie, hinaus zum Meer, das Himbeer-Licht im Staub über der weißen Stadt in der Nacht, die Hitze, die Fahne von Cuba – ich schaukle und singe, nichts weiter, das Schaukeln der leeren Sessel neben mir, das flötende Gusseisen, die Wirbel von Blüten. Ich preise das Leben!

Max Frisch

Mittagessen mit einem Landstreicher

Ich knallte das Buch zu. Die ledernen Lehnstühle in der London Library machten mich schläfrig. Der Mann, der neben mir saß, eine Literaturzeitschrift auf seinem Bauch ausgebreitet, schnarchte. Zum Teufel mit der Migration!, sagte ich mir. Ich stellte den Stapel Bücher auf den Tisch. Ich hatte Hunger.

Draußen war ein kalter, sonniger Dezembertag. Ich hoffte, von einem Freund zum Mittagessen eingeladen zu werden. Als ich in der St. James Street am White's Club vorbeiging, fuhr ein Taxi vor, aus dem ein Mann in einem Mantel mit Samtkragen ausstieg. Er fächelte dem Taxifahrer ein paar Pfundnoten entgegen und ging zu den Eingangsstufen. Er hatte dichtes graues Haar und geplatzte Äderchen an den Wangen, was aussah, als hätte er sich einen durchsichtigen roten Strumpf über das Gesicht gezogen. Es war – ich kannte ihn von Fotos – ein Herzog.

In diesem Augenblick stürzte ein zweiter Mann in einem alten Armeemantel, ohne Socken und mit Stiefeln, die mit Zwirn geschnürt waren, mit einem gewinnenden Lächeln vorwärts.

„Hm ... Entschuldigen Sie die Belästigung, Sir", sagte er mit einem starken irischen Akzent. „Ich dachte, ob Sie mir vielleicht ..."

Der Herzog hastete zur Tür.

Ich sah den Landstreicher an, der mir bedeutsam zublinzelte. Ein paar rötliche Haarsträhnen schwebten über seiner fleckigen Kopfhaut. Er hatte wässrige, treuherzige Augen, deren Blicke sich kurz vor seiner Nase kreuzten. Er musste Ende sechzig sein. So wie ich aussah, hielt er es nicht für lohnend, Forderungen an meinen Geldbeutel zu stellen.

„Ich habe eine Idee“, sagte ich zu ihm.

„Ja, Kom’dant.“

„Sie sind ein weit gereister Mann, stimmt’s?“

„Durch die ganze Welt, Kom’dant.“

„Also, wenn Sie Lust haben, mir von Ihren Reisen zu erzählen, hätte ich Lust, Sie zum Mittagessen einzuladen.“

„Und mir ist es ein Vergnügen, anzunehmen.“

Wir gingen um die Ecke in die Jermyn Street in ein überfülltes, preiswertes italienisches Restaurant. Ein kleiner Tisch war frei.

Ich schlug ihm nicht vor, den Mantel auszuziehen, aus Angst vor dem, was darunter war. Der Geruch war unglaublich. Zwei schicke Sekretärinnen rutschten von uns weg und klemmten sich die Röcke zwischen die Beine, als erwarteten sie eine Invasion von Flöhen.

„Worauf haben Sie Lust?“

„Hm ... und worauf haben *Sie* Lust?“

„Nur zu“, sagte ich. „Bestellen Sie, was Sie wollen.“

Er überflog die Karte, die er verkehrt herum hielt, mit der Selbstsicherheit eines Stammkunden, der sich verpflichtet fühlt, die Tageskarte zu studieren.

„Steak und Chips!“, sagte er.

Die Kellnerin hörte auf, an ihrem Bleistift zu kauen, und warf den Sekretärinnen einen wehleidigen Blick zu.

„Rump- oder Lendensteak?“, fragte sie.

„Wie Sie wollen“, sagte er.

„Zwei Lendensteaks“, sagte ich. „Eins halb durchgebraten, eins englisch.“

Er löschte seinen Durst mit einem Bier, aber er war wie hypnotisiert von dem Gedanken an Essen, und Speicheltropfen erschienen in seinen Mundwinkeln.

Ich wusste, dass Landstreicher bei der Nahrungssuche systematisch vorgehen und immer wieder zu ihren bevorzugten Mülltonnen zurückkehren. Ich fragte ihn, welche Methode er bei den Londoner Clubs anwende.

Er dachte einen Augenblick lang nach und sagte, der beste Tipp sei immer noch das Athenaeum. Zu seinen Mitgliedern zählten noch ein paar gläubige Gentlemen.

„Ja“, grübelte er. „Von einem Bischof kann man meistens einen Shilling schnorren.“

Der zweitbeste sei in den guten alten Tagen der Travellers Club gewesen. Die Gentlemen dort hätten wie er die Welt gesehen.

„Ein Treffen Gleichgesinnter, könnte man sagen“, sagte er. „Aber heutzutage … nein … nein.“

Der Travellers Club war nicht mehr das, was er einmal gewesen war. Von einer anderen Sorte Menschen übernommen.

„Leute aus der Werbung“, sagte er grimmig. „Sehr knauserig, das kann ich Ihnen versichern.“

Er fügte hinzu, dass Brook’s Boddle’s und White’s alle zur selben Kategorie gehörten. Hohes Risiko! Großzügigkeit … oder gar nichts!

Seine Konversationsgabe wurde stark beeinträchtigt, als sein Steak kam.

Er nahm es wild entschlossen in Angriff, hob den Teller ans Gesicht, leckte den Saft ab, und dann, als er sich erinnerte, wo er war, stellte er ihn wieder auf den Tisch.

„Möchten Sie noch eins?“, fragte ich.

„Ich würde nicht nein sagen, Kom’dant“, sagte er. „Sehr anständig von Ihnen.“

Ich bestellte ein zweites Steak, und er ließ seine Lebensgeschichte vom Stapel. Sie war es wert. Der Bericht, je weiter er fortschritt, war genau das, was ich hören wollte: die Kate in Galway County, der Tod der Mutter, Liverpool, der Atlantik, die Schlachthöfe in Chicago, Australien, Weltwirtschaftskrise, die Südseeinseln …

„Oooh! Das ist der richtige Ort für dich, mein Junge! Tahiti! Va-hines!“

Er fuhr mit der Zunge über die Unterlippe.

„Vahines!“, wiederholte er. „Das ist das Wort für Frauen … Oooh! Herr-lich! Ich hab’s im Stehen unter einem Wasserfall getrieben!“

Die Sekretärinnen verlangten die Rechnung und gingen. Ich blickte auf und sah den breiten Unterkiefer des Oberkellners, der uns feindselig anstarrte. Ich befürchtete, man würde uns hinauswerfen.

„Und jetzt!“, sagte ich, „würde ich gern etwas anderes wissen.“

„Ja, Kom’dant“, sagte er. „Bin ganz Ohr.“

„Würden Sie je nach Irland zurückgehen?“

„Nein.“ Er schloss die Augen. „Nein, daran liegt mir nichts. Zu viele ungute Erinnerungen.“

„Gibt es denn einen Ort, an den Sie wie an ein ‚Zuhause‘ denken?“

„Aber bestimmt.“ Er warf den Kopf zurück und grinste. „Die Promenade des Anglais in Nizza. Jemals davon gehört?“

„Ja“, sagte ich.

An einem Sommerabend hatte er auf der Promenade einen höflichen französischen Gentleman in ein Gespräch verwickelt. Eine Stunde lang hatten sie in Englisch das Weltgeschehen erörtert. Dann hatte der Gentleman einen 10.000-Francs-Schein aus seiner Brieftasche gezogen – „Alte Francs, wohlgemerkt!“ – und ihm, nachdem er ihm seine Visitenkarte überreicht hatte, einen angenehmen Aufenthalt gewünscht.

„Himmel und Hölle!", rief er. „Es war der Polizeichef!"

Er hatte sooft wie möglich versucht, den Schauplatz des bewegendsten Augenblicks seiner Laufbahn wieder aufzusuchen.

„Ja", kicherte er. „Ich habe den Polizeichef angehauen ... in Nizza!"

Das Restaurant war jetzt leerer. Ich bestellte eine doppelte Portion Apfelkuchen für ihn. Eine Tasse Kaffee lehnte er ab. Bei Kaffee, sagte er, kriege er Magenverstimmung. Er rülpste. Ich zahlte.

„Vielen Dank, Sir", sagte er mit dem Ausdruck eines Interviewten, der eine Reihe von Nachmittagsterminen hat. „Ich hoffe, ich war Ihnen behilflich."

„Das waren Sie durchaus", bedankte ich mich.

Er stand auf, setzte sich jedoch wieder hin und starrte mich unverwandt an. Nachdem er den äußeren Ablauf seines Lebens geschildert hatte, wollte er nicht gehen, ohne seine inneren Beweggründe zu kommentieren.

Dann sagte er langsam und mit großem Ernst:

„Es ist, als ob einen die Gezeiten über den Highway spülen. Ich bin wie die Arktische Seeschwalbe, Kom'dant. Das ist ein Vogel. Ein wunderschöner weißer Vogel. Er fliegt vom Nordpol zum Südpol und wieder zurück."

Bruce Chatwin

An eine Orange

Herrliche Frucht,
im Haine
behutsam gereift.
Von Sonne und Südwind
tausendmal überküsst,
gerötet, gegoldet.
Duftend und schwer
ruhst du ein meiner Hand.

Wie viel Sonnenküsse,
wie viel Regenschauer,
wie viel Vollmondschein,
welch ein großes warmes Land
– – halte ich mit Dir,
Vollkommene!
in meiner kleinen gewölbten Hand.

Francisca Stoecklin

Ich trinke Tee

Sechs Uhr abends rückt heran. Ich spüre es heranrücken. Nicht so intensiv, wie die Kinder den Weihnachtsabend heranrücken spüren. Aber immerhin. Punkt sechs Uhr trinke ich Tee, ein feierliches Genießen ohne Enttäuschungen in diesem belasteten Dasein. Etwas, was man sicher hat, man hat seine friedevolle Glückseligkeit in seiner eigenen Macht. Es ist direkt unabhängig vom Schicksal. Schon das Eingießen des guten Hochquellwassers in mein schönes weites Halblitergefäß aus Nickel macht mir Freude. Dann warte ich das Sieden ab, den Sang des Wassers. Ich habe eine riesige, halbkugelige, tiefe Schale aus ziegelrotem Wedgewood. Der Tee ist aus dem „Café Central", duftet wie Almwiese, wie Kohlröserl und Gräser im Sonnenbrande.

Der Tee ist goldgelb-strohgelb, niemals bräunlich, leicht und unbedrückend. Dazu rauche ich eine Zigarette „Chelmis, Hyksos". Ich trinke sehr, sehr langsam. Der Tee ist ein inneres anregendes Nervenbad. Man trägt die Dinge leichter dabei. Man fühlt es, eine Frau sollte eine solche Wirkung ausüben. Aber sie tut es niemals. Sie hat noch nicht die Kultur friedereicher Sanftmütigkeiten, um wie ein edler, warmer, goldgelber Tee zu wirken. Sie glaubt, sie verlöre dann etwa ihre Macht. Aber mein Tee sechs Uhr abends verliert niemals seine Macht über mich. Ich sehne mich ihm täglich in gleicher Weise entgegen, und liebevoll vermähle ich ihn meinem Organismus.

Peter Altenberg

Das höchste Lebensglück

Und dann darf man nie vergessen, dass man einen andauernden Glückszustand nicht in sich erzeugen kann. Man muss immer im Auge behalten, dass der einzelne Genuss nicht allzu lange genießbar ist – man darf sich daher nicht bloß einer besondren Gattung von Genüssen zuwenden – man muss alle – alle – alle Genüsse durchkosten wollen – immer wieder andre – immer wieder neue feine vergeistigte Gefühle – aus dem trockenen Brot muss man ebensoviel Genusserreger rausziehen können – wie aus der rasendsten tollsten glühendsten Liebesleidenschaft. Das höchste Lebensglück besteht in dem Leben, das da aufweisen kann: die größte Zahl von glücklichen Augenblicken – die man nicht verlängern soll – die man auch nicht verlängern kann – die man nur zuweilen durch Erinnerungen und lustige Verse verschärfen darf. Verlieben darf man sich nicht in die einzelnen Genüsse – kleben bleiben darf man nicht an den einzelnen Augenblicken. Man muss ohne Schmerz weiterspringen – wenn die eine Wiese ein bisschen abgegrast ist. Nur nicht traurig werden! Mit geballten Fäusten oder anders will ich unermüdlich danach streben, die größte Zahl fein verzückter Augenblicke zu durchkosten. Ich will der glücklichste Mensch sein. Nichts soll mir zu klein und nichts zu groß sein. Genießen will ich – genießen!“

Paul Scheerbart

Blaue Träume

Nadelspitzen des Novemberregens
peitscht der Nordwind an die Scheiben,
aber warm und mollig ist's hier drinnen.
Zigarettenduft durchwellt das Zimmer,
in den Gläsern flammt der Sorrentiner.
Und du hebst das Glas, und lächelnd trinken,
langsam schlürfend, tropfenweise trinken
wir das Herzblut einer heißen Sonne.

Clara Müller-Jahnke

Auf die Haltung kommt es an

Glücksrezepte

Kleiner Weg zum Glück

Lobe jeden Tag drei Personen;
erlebe wenigstens einmal im Jahr
einen Sonnenaufgang;
sieh den Menschen in die Augen,
wenn du mit ihnen sprichst;
singe unter der Dusche;
gib weniger aus, als du verdienst;
beherrsche drei gute Witze;
sei immer auf der Suche
nach neuen Freunden;
behalte Dinge für dich,
die dir anvertraut wurden;
akzeptiere immer eine Entschuldigung;
erkenne deine Fehler;
fahre häufiger mit dem Fahrrad.

Aus Brasilien

Ein Lieblingssatz

Du kennst meinen Lieblingssatz: „Ich habe das Klügste scheitern und das Dümmste gelingen sehen." Nichts ist vorher zu berechnen, alles ist Glück, Bestimmung, oder anständiger ausgedrückt Gottes Wille. Und dabei gibt es nichts Großes oder Kleines. Es gibt nicht eine Situation, die wir uns aussuchen, oder wenn wir sie uns aussuchen, nach unserem Wunsch und Gefallen gestalten können. Jeder glückliche Augenblick ist eine Gnade und muss zum Danke stimmen.

Theodor Fontane

„Nicht der Himmel bringt das Glück …"

Nicht der Himmel bringt das Glück; der Mensch bereitet sich sein Glück und spannt seinen Himmel selber in der eigenen Brust. Der Mensch soll nicht sorgen, dass er in den Himmel, sondern dass der Himmel in ihn komme. Wer ihn nicht in sich selber trägt, der sucht ihn vergebens im All.

Otto Ludwig

Das Märchen vom Glück

Siebzig war er gut und gern, der alte Mann, der mir in der verräucherten Kneipe gegenübersaß. Sein Schopf sah aus, als habe es darauf geschneit, und die Augen blitzten wie eine blank gefegte Eisbahn. „Oh, sind die Menschen dumm", sagte er und schüttelte den Kopf, dass ich dachte, gleich müssten Schneeflocken aus seinem Haar aufwirbeln. „Das Glück ist ja schließlich keine Dauerwurst, von der man sich täglich eine Scheibe herunterschneiden kann!" „Stimmt", meinte ich, „das Glück hat ganz und gar nichts Geräuchertes an sich. Obwohl …" „Obwohl?" „Obwohl gerade Sie aussehen, als hinge bei Ihnen zu Hause der Schinken des Glücks im Rauchfang." „Ich bin eine Ausnahme. Ich bin nämlich der Mann, der einen Wunsch frei hat."

Er blickte mir prüfend ins Gesicht, und dann erzählte er seine Geschichte. „Das ist lange her", begann er und stützte den Kopf in beide Hände, „sehr lange. Vierzig Jahre. Ich war noch jung und litt am Leben wie an einer geschwollenen Backe. Da setzte sich, als ich eines Mittags verbittert auf einer grünen Parkbank hockte, ein alter Mann neben mich und sagte beiläufig: ‚Also gut. Wir haben es uns überlegt. Du hast drei Wünsche frei.' Ich starrte in meine Zeitung und tat, als hätte ich nichts gehört. ‚Wünsch dir, was du willst', fuhr er fort, ‚die schönste Frau oder das meiste Geld oder den größten Schnurrbart – das ist deine Sache. Aber werde endlich glücklich! Deine Unzufriedenheit geht uns auf die Nerven.' Er sah aus wie der Weihnachtsmann in Zivil. Weißer Vollbart, rote Apfelbäckchen, Augenbrauen wie aus Christbaumwatte. Gar nichts Verrücktes. Vielleicht ein bisschen zu gutmütig. Nachdem ich ihn eingehend betrachtet hatte, starrte ich wieder in meine Zeitung. ‚Obwohl es uns nichts angeht, was du mit deinen drei Wünschen machst', sagte er, ‚wäre es natürlich kein Fehler, wenn du dir die Angelegenheit vorher genau überlegtest. Denn drei Wünsche sind nicht vier Wünsche oder fünf, sondern drei. Und wenn du hinterher noch immer neidisch und unglücklich wärst, könnten wir dir und uns nicht mehr helfen.' Ich weiß nicht, ob Sie sich in meine Lage versetzen können. Ich saß auf einer Bank und haderte mit Gott und der Welt. In der Ferne klingelten die Straßenbahnen. Die Wachtparade zog irgendwo mit Pauken und Trompeten zum Schloss. Und neben mir saß nun dieser alte Quatschkopf!"

„Sie wurden wütend?"

„Ich wurde wütend. Mir war zumute wie einem Kessel kurz vorm Zerplatzen. Und als er sein weißwattiertes Großvatermündchen von Neuem aufmachen wollte, stieß ich zornzitternd hervor: ‚Damit Sie alter Esel mich nicht länger duzen, nehme ich mir die Freiheit, meinen ersten und innigsten Wunsch auszusprechen – scheren Sie sich zum Teufel!‘ Das war nicht fein und höflich, aber ich konnte einfach nicht anders. Es hätte mich sonst zerrissen.“

„Und?“

„Was ‚Und‘?“

„War er weg?“

„Ach so! – Natürlich war er weg! Wie fortgeweht. In der gleichen Sekunde. In nichts aufgelöst. Ich guckte sogar unter die Bank. Aber dort war er auch nicht. Mir wurde ganz übel vor lauter Schreck. Die Sache mit den Wünschen schien zu stimmen! Und der erste Wunsch hatte sich bereits erfüllt! Du meine Güte! Und wenn er sich erfüllt hatte, dann war der gute, liebe, brave Großpapa, wer er nun auch sein mochte, nicht nur weg, nicht nur von meiner Bank verschwunden, nein, dann war er beim Teufel! Dann war er in der Hölle! ‚Sei nicht albern‘, sagte ich zu mir selber. ‚Die Hölle gibt es ja gar nicht und den Teufel auch nicht.‘ Aber die drei Wünsche, gab’s denn die? Und trotzdem war der alte Mann, kaum hatte ich’s gewünscht, verschwunden ... Mir wurde heiß und kalt. Mir schlotterten die Knie. Was sollte ich machen? Der alte Mann musste wieder her, ob’s nun eine Hölle gab oder nicht. Das war ich ihm schuldig. Ich musste meinen zweiten Wunsch dransetzen, den zweiten von dreien, o ich Ochse! Oder sollte ich ihn lassen, wo er war? Mit seinen hübschen, roten Apfelbäckchen? ‚Bratapfelbäckchen‘, dachte ich schaudernd. Mir blieb keine Wahl. Ich schloss die Augen und flüsterte ängstlich: ‚Ich wünsche mir, dass der alte Mann wieder neben mir sitzt!' Wissen Sie, ich habe mir jahrelang, bis in den Traum hinein, die bittersten Vorwürfe gemacht, dass ich den zweiten Wunsch auf diese Weise verschleudert habe, doch ich sah damals keinen Ausweg. Es gab ja auch keinen ..."

„Und?"

„Was ‚Und'?"

„War er wieder da?"

„Ach so! – Natürlich war er wieder da! In der nämlichen Sekunde. Er saß wieder neben mir, als wäre er nie fortgewünscht gewesen. Das heißt, man sah's ihm schon an, dass er ..., dass er irgendwo gewesen war, wo es verteufelt, ich meine, wo es sehr heiß sein musste. O ja. Die buschigen weißen Auenbrauen waren ein bisschen verbrannt. Und der schöne Vollbart hatte auch etwas gelitten. Besonders an den Rändern. Außerdem roch's wie nach versengter Gans. Er blickte mich vorwurfsvoll an. Dann zog er ein Bartbürstchen aus der Brusttasche, putzte sich Bart und Brauen und sagte gekränkt: ‚Hören Sie, junger Mann – fein war das nicht von Ihnen!' Ich stotterte eine Entschuldigung. Wie leid es mir täte. Ich hätte doch nicht an die drei Wünsche geglaubt. Und außerdem hätte ich immerhin versucht, den Schaden wieder gutzumachen. ‚Das ist richtig', meinte er. ‚Es wurde aber auch die höchste Zeit.' Dann lächelte er. Er lächelte so freundlich, dass mir fast die Tränen kamen. ‚Nun haben Sie nur noch einen Wunsch frei', sagte er, ‚den dritten. Mit ihm gehen Sie hoffentlich ein bisschen vorsichtiger um. Versprechen Sie mir das?' Ich nickte und schluckte. ‚Ja', antwortete ich dann, ‚aber nur, wenn Sie mich wieder duzen.' Da musste er lachen. ‚Gut, mein Junge', sagte er und gab mir die Hand. ‚Leb wohl. Sei nicht allzu unglücklich. Und gib auf deinen letzten Wunsch acht.' ‚Ich verspreche es Ihnen', erwiderte ich feierlich. Doch er war schon weg. Wie fortgeblasen."

„Und?"

„Was ‚Und'?"

„Seitdem sind Sie glücklich?"

„Ach so. – Glücklich?" Mein Nachbar stand auf, nahm Hut und Mantel vom Garderobehaken, sah mich mit seinen blitzblanken Augen an und sagte: „Den letzten Wunsch hab ich vierzig Jahre lang nicht angerührt. Manchmal war ich nahe daran. Aber nein. Wünsche sind nur gut, solange man sie noch vor sich hat. Leben Sie wohl."

Ich sah vom Fenster aus, wie er über die Straße ging. Die Schneeflocken umtanzten ihn. Und er hatte ganz vergessen, mir zu sagen, ob wenigstens er glücklich sei. Oder hatte er mir absichtlich nicht geantwortet? Das ist natürlich auch möglich.

Erich Kästner

Glück liegt in den kleinen Dingen

Weißt du aber, was mir die Hauptsache dabei war ...: Dass ich wieder mal sah, dass die meisten Menschen die Dinge in der Hand halten, um damit irgendeine Dummheit zu machen ..., statt sich jedes Ding gut anzusehen und statt jedes um die Schönheit zu fragen, die es besitzt. So kommt es, dass die meisten Menschen gar nicht wissen, wie schön die Welt ist und wie viel Pracht in den kleinsten Dingen, in irgendeiner Blume, einem Stein, einer Baumrinde oder einem Birkenblatt sich offenbart. Die erwachsenen Menschen, die Geschäfte und Sorgen haben und sich mit lauter Kleinigkeiten quälen, verlieren allmählich ganz den Blick für diese Reichtümer, welche die Kinder, wenn sie aufmerksam und gut sind, bald bemerken und mit dem ganzen Herzen lieben. Und doch wäre es das Schönste, wenn alle Menschen in dieser Beziehung immer wie aufmerksame und gute Kinder bleiben wollten, einfältig und fromm im Gefühl, und wenn sie die Fähigkeit nicht verlieren würden, sich an einem Birkenblatt oder an der Feder eines Pfauen oder an der Schwinge einer Nebelkrähe so innig zu freuen wie an einem großen Gebirge oder einem prächtigen Palast. Das Kleine ist ebenso wenig klein, als das Große – groß ist. Es geht eine große und ewige Schönheit durch die ganze Welt, und diese ist gerecht über den kleinen und großen Dingen verstreut; denn es gibt im Wichtigen und Wesentlichen keine Ungerechtigkeit auf der ganzen Erde.

Rainer Maria Rilke

Das Glück der Arbeit

Ich kann es nicht oft genug wiederholen, welch ein Glück das Arbeiten mir war, welch einen Genuss das Schaffen mir gewährte. Wie mit einem Zauberschlage entrückte der Moment, in welchem ich mich an den Schreibtisch setzte und meine Hefte zur Hand nahm, mich allen meinen Sorgen, allen meinen Kümmernissen. Ich war froh, frei, mächtig und unverzagt, ich hatte fortwährend ein Gefühl meiner Kraft und auch ein gewisses Gefühl des Gelingens.

Fanny Lewald

Hans im Glück

Hans hatte sieben Jahre bei seinem Herrn gedient, da sprach er zu ihm: „Herr, meine Zeit ist herum, nun wollte ich gerne wieder heim zu meiner Mutter, gebt mir meinen Lohn.“ Der Herr antwortete: „Du hast mir treu und ehrlich gedient, wie der Dienst war, so soll der Lohn sein", und gab ihm ein Stück Gold, das so groß als Hansens Kopf war. Hans zog ein Tüchlein aus der Tasche, wickelte den Klumpen hinein, setzte ihn auf die Schulter und machte sich auf den Weg nach Haus.

Wie er so dahinging und immer ein Bein vor das andere setzte, kam ihm ein Reiter in die Augen, der frisch und fröhlich auf einem muntern Pferd vorbeitrabte. „Ach", sprach Hans ganz laut, „was ist das Reiten ein schönes Ding! Da sitzt einer wie auf einem Stuhl, stößt sich an keinen Stein, spart die Schuh und kommt fort, er weiß nicht, wie."

Der Reiter, der das gehört hatte, hielt an und rief: „Ei, Hans, warum läufst du auch zu Fuß?"

„Ich muss ja wohl", antwortete er, „da habe ich einen Klumpen heimzutragen: Es ist zwar Gold, aber ich kann den Kopf dabei nicht gerad halten, auch drückt mir's auf die Schulter."

„Weißt du was", sagte der Reiter, „wir wollen tauschen: Ich gebe dir mein Pferd, und du gibst mir deinen Klumpen."

„Von Herzen gern", sprach Hans, „aber ich sage Euch, Ihr müsst Euch damit schleppen."

Der Reiter stieg ab, nahm das Gold und half dem Hans hinauf, gab ihm die Zügel fest in die Hände und sprach: „Wenn's nun recht geschwind soll gehen, so musst du mit der Zunge schnalzen und hopphopp! rufen."

Hans war seelenfroh, als er auf dem Pferde saß und so frank und frei dahinritt. Über ein Weilchen fiel's ihm ein, es sollte noch schneller gehen, und er fing an, mit der Zunge zu schnalzen und hopphopp! zu rufen. Das Pferd setzte sich in starken Trab, und ehe sich's Hans versah, war er abgeworfen und lag in einem Graben, der die Äcker von der Landstraße trennte. Das Pferd wäre auch durchgegangen, wenn es nicht ein Bauer aufgehalten hätte, der des Weges kam und eine Kuh vor sich hertrieb. Hans suchte seine Glieder zusammen und machte sich wieder auf die Beine. Er war aber verdrießlich und sprach zu dem Bauer: „Es ist ein schlechter Spaß, das Reiten, zumal, wenn man auf so eine Mähre gerät wie diese, die stößt und einen herabwirft, dass man den Hals brechen kann; ich setze mich nun und nimmermehr wieder auf. Da lob ich mir Eure Kuh, da kann einer mit Gemächlichkeit hinterhergehen und hat obendrein seine Milch, Butter und Käse jeden Tag gewiss. Was gäb ich darum, wenn ich so eine Kuh hätte!"

„Nun", sprach der Bauer, „geschieht Euch so ein großer Gefallen, so will ich Euch wohl die Kuh für das Pferd vertauschen." Hans willigte mit tausend Freuden ein: Der Bauer schwang sich aufs Pferd und ritt eilig davon.

Hans trieb seine Kuh ruhig vor sich her und bedachte den glücklichen Handel. „Hab ich nur ein Stück Brot, und daran wird mir's noch nicht fehlen, so kann ich, sooft mir's beliebt, Butter und Käse dazu essen; hab ich Durst, so melk ich meine Kuh und trinke Milch. Herz, was verlangst du mehr?" Als er zu einem Wirtshaus kam, machte er halt, aß in der großen Freude alles, was er bei sich hatte, sein Mittags- und Abendbrot, rein auf, und ließ sich für seine letzten paar Heller ein halbes Glas Bier einschenken. Dann trieb er seine Kuh weiter, immer nach dem Dorfe seiner Mutter zu.

Die Hitze ward drückender, je näher der Mittag kam, und Hans befand sich in einer Heide, die wohl noch eine Stunde dauerte. Da ward es ihm ganz heiß, sodass ihm vor Durst die Zunge am Gaumen klebte. „Dem Ding ist zu helfen", dachte Hans, „jetzt will ich meine Kuh melken und mich an der Milch laben." Er band sie an einen dürren Baum, und da er keinen Eimer hatte, so stellte er seine Ledermütze unter, aber wie er sich auch bemühte, es kam kein Tropfen Milch zum Vorschein. Und weil er sich ungeschickt dabei anstellte, so gab ihm das ungeduldige Tier endlich mit einem der Hinterfüße einen solchen Schlag vor den Kopf, dass er zu Boden taumelte und eine Zeit lang sich gar nicht besinnen konnte, wo er war. Glücklicherweise kam gerade ein Metzger des Weges, der auf einem Schubkarren ein junges Schwein liegen hatte. „Was sind das für Streiche!", rief er und half dem guten Hans auf. Hans erzählte, was vorgefallen war.

Der Metzger reichte ihm seine Flasche und sprach: „Da, trinkt einmal und erholt Euch. Die

Kuh will wohl keine Milch geben, das ist ein altes Tier, das höchstens noch zum Ziehen taugt oder zum Schlachten."

„Ei, ei", sprach Hans und strich sich die Haare über den Kopf, „wer hätte das gedacht! Es ist freilich gut, wenn man so ein Tier ins Haus abschlachten kann, was gibt's für Fleisch! Aber ich mache mir aus dem Kuhfleisch nicht viel, es ist mir nicht saftig genug. Ja, wer so ein junges Schwein hätte! Das schmeckt anders, dabei noch die Würste."

„Hört, Hans", sprach da der Metzger, „Euch zuliebe will ich tauschen und will Euch das Schwein für die Kuh lassen."

„Gott lohn Euch Eure Freundschaft", sprach Hans, übergab ihm die Kuh, ließ sich das Schweinchen vom Karren losmachen und den Strick, woran es gebunden war, in die Hand geben.

Hans zog weiter und überdachte, wie ihm doch alles nach Wunsch ginge, begegnete ihm ja eine Verdrießlichkeit, so würde sie doch gleich wieder gutgemacht. Es gesellte sich danach ein Bursch zu ihm, der trug eine schöne weiße Gans unter dem Arm. Sie boten einander die Zeit, und Hans fing an, von seinem Glück zu erzählen und wie er immer so vorteilhaft getauscht hätte. Der Bursch erzählte ihm, dass er die Gans zu einem Kindstaufschmaus brächte. „Hebt einmal", fuhr er fort und packte sie bei den Flügeln, „wie schwer sie ist, die ist aber auch acht Wochen lang genudelt worden. Wer in den

Braten beißt, muss sich das Fett von beiden Seiten abwischen."

„Ja", sprach Hans, und wog sie mit der einen Hand, „die hat ihr Gewicht, aber mein Schwein ist auch keine Sau."

Indessen sah sich der Bursch nach allen Seiten ganz bedenklich um, schüttelte auch wohl mit dem Kopf. „Hört", fing er darauf an, „mit Eurem Schweine mag's nicht ganz richtig sein. In dem Dorfe, durch das ich gekommen bin, ist eben dem Schulzen eins aus dem Stall gestohlen worden. Ich fürchte, ich fürchte, Ihr habt's da in der Hand. Sie haben Leute ausgeschickt, und es wäre ein schlimmer Handel, wenn sie Euch mit dem Schwein erwischten: Das Geringste ist, dass Ihr ins finstere Loch gesteckt werdet."

Dem guten Hans ward bang. „Ach Gott", sprach er, „helft mir aus der Not, Ihr wisst hier herum bessern Bescheid, nehmt mein Schwein da und lasst mir Eure Gans."

„Ich muss schon etwas aufs Spiel setzen", antwortete der Bursche, „aber ich will doch nicht schuld sein, dass Ihr ins Unglück geratet." Er nahm also das Seil in die Hand und trieb das Schwein schnell auf einen Seitenweg fort; der gute Hans aber ging, seiner Sorgen entledigt, mit der Gans unter dem Arme der Heimat zu. „Wenn ich's recht überlege", sprach er mit sich selbst, „habe ich noch Vorteil bei dem Tausch: erstlich den guten Braten, hernach die Menge von Fett, die heraustrüufeln wird, das gibt Gänsefettbrot auf ein Vierteljahr, und endlich die schönen weißen Federn, die lass ich mir in mein Kopfkissen stopfen, und darauf will ich wohl ungewiegt einschlafen. Was wird meine Mutter eine Freude haben!“

Als er durch das letzte Dorf gekommen war, stand da ein Scherenschleifer mit seinem Karren, sein Rad schnurrte, und er sang dazu:

„Ich schleife die Schere und drehe geschwind, und hänge mein Mäntelchen nach dem Wind.“

Hans blieb stehen und sah ihm zu; endlich redete er ihn an und sprach: „Euch geht's wohl, weil Ihr so lustig bei Eurem Schleifen seid.“

„Ja“, antwortete der Scherenschleifer, „das Handwerk hat einen güldenen Boden. Ein rechter Schleifer ist ein Mann, der, sooft er in die Tasche greift, auch Geld darin findet. Aber wo habt Ihr die schöne Gans gekauft?“

„Die hab ich nicht gekauft, sondern für mein Schwein eingetauscht.“

„Und das Schwein?“

„Das hab ich für eine Kuh gekriegt.“

„Und die Kuh?“

„Die hab ich für ein Pferd bekommen.“

„Und das Pferd?“

„Dafür hab ich einen Klumpen Gold, so groß als mein Kopf, gegeben.“

„Und das Gold?“

„Ei, das war mein Lohn für sieben Jahre Dienst."

„Ihr habt Euch jederzeit zu helfen gewusst", sprach der Schleifer, „könnt Ihr's nun dahin bringen, dass Ihr das Geld in der Tasche springen hört, wenn Ihr aufsteht, so habt Ihr Euer Glück gemacht."

„Wie soll ich das anfangen?", sprach Hans.

„Ihr müsst ein Schleifer werden wie ich; dazu gehört eigentlich nichts als ein Wetzstein, das andere findet sich schon von selbst. Da hab ich einen, der ist zwar ein wenig schadhaft, dafür sollt Ihr mir aber auch weiter nichts als Eure Gans geben; wollt Ihr das?"

„Wie könnt Ihr noch fragen", antwortete Hans, „ich werde ja zum glücklichsten Menschen auf Erden; habe ich Geld, sooft ich in die Tasche greife, was brauche ich da länger zu sorgen?", reichte ihm die Gans hin, und nahm den Wetzstein in Empfang.

„Nun", sprach der Schleifer und hob einen gewöhnlichen schweren Feldstein, der neben ihm lag, auf, „da habt Ihr noch einen tüchtigen Stein dazu, auf dem sich's gut schlagen lässt und Ihr Eure alten Nägel gerade klopfen könnt. Nehmt ihn und hebt ihn ordentlich auf."

Hans lud den Stein auf und ging mit vergnügtem Herzen weiter; seine Augen leuchteten vor Freude. „Ich muss in einer Glückshaut geboren sein", rief er aus, „alles, was ich wünsche, trifft mir ein, wie einem Sonntagskind." Indessen, weil er seit Tagesanbruch auf den Beinen gewesen war, begann er müde zu werden; auch plagte ihn der Hunger, da er allen Vorrat auf einmal in der Freude über die erhandelte Kuh aufgezehrt hatte. Er konnte endlich nur mit Mühe weitergehen und musste jeden Augenblick haltmachen; dabei drückten ihn die Steine ganz erbärmlich. Da konnte er sich des Gedankens nicht erwehren, wie gut es wäre, wenn er sie gerade jetzt nicht zu tragen brauchte. Wie eine Schnecke kam er zu einem Feldbrunnen geschlichen, wollte da ruhen und sich mit einem frischen Trunk laben; damit er aber die Steine im Niedersitzen nicht beschädigte, legte er sie bedächtig neben sich auf den Rand des Brunnens. Darauf setzte er sich nieder und wollte sich zum Trinken bücken, da versah er's, stieß ein klein wenig an, und beide Steine plumpsten hinab. Hans, als er sie mit seinen Augen in die Tiefe hatte versinken sehen, sprang vor Freude auf, kniete dann nieder und dankte Gott mit Tränen in den Augen, dass er ihm auch diese Gnade noch erwiesen und ihn auf eine so gute Art und ohne dass er sich einen Vorwurf zu machen brauchte, von den schweren Steinen befreit hätte, die ihm allein noch hinderlich gewesen wären. „So glücklich wie ich", rief er aus, „gibt es keinen Menschen unter der Sonne." Mit leichtem Herzen und frei von aller Last sprang er nun fort, bis er daheim bei seiner Mutter war.

Brüder Grimm

„Ist es überhaupt möglich, unglücklich zu sein?“

Ist es überhaupt möglich, unglücklich zu sein? Was bedeutet mein Kummer, was hat mein Leid auf sich, wenn ich imstande bin, glücklich zu sein? Wissen Sie, ich verstehe nicht, wie man an einem Baum vorübergehen kann und nicht beglückt sein, dass man ihn sieht? Wie mit einem Menschen sprechen und nicht glücklich sein, dass man ihn liebt! Oh, ich verstehe es nur nicht auszudrücken … aber wie viele Dinge begegnen einem auf Schritt und Tritt, die so schön sind, dass selbst ein Mensch, der sich schon ganz verloren hat, sie als schön empfindet? Sehen Sie ein Kind an, schauen Sie Gottes Morgenrot, betrachten Sie einen Grashalm, wie er wächst, schauen Sie in die Augen, die Sie ansehen und Sie lieben.

Fjodor M. Dostojewskij

Familienglück

Einmal kam ein wohlhabender Mann zum Meister und bat ihn, ihm eine Weisheit mitzugeben, die das Glück seiner Familie zu wahren helfe.

Der Meister nickte, dachte eine Weile nach, ließ sich einen Bogen Papier reichen und schrieb dann:

Vater stirbt. Sohn stirbt. Enkel stirbt.

„Was soll das heißen?“, fragte sein Besucher aufgebracht. „Ich habe dich gebeten, etwas aufzuschreiben, das das Glück meiner Familie sichert, und du verspottest mich!“

„Das war keineswegs meine Absicht“, entgegnete der Meister, „und ich frage dich: Wärst du nicht zutiefst unglücklich, wenn dein Sohn vor dir sterben würde? Und würde dir nicht vor Kummer das Herz brechen, wenn dein Enkel vor deinem Sohn das Zeitliche segnete? Aber wenn Generation um Generation in deiner Familie in eben der Reihenfolge dahinscheidet, die ich hier niedergeschrieben habe, dann ist das der natürliche Lauf des Lebens. Das ist wahres Glück.“

Weisheitsgeschichte aus der Zen-Tradition

Das Glück des Ausgeschlafenen

Das Glück, wenn es mir recht ist, liegt in zweierlei: Darin, dass man ganz da steht, wo man hingehört, und zum zweiten und besten in einem behaglichen Abwickeln des ganz Alltäglichen, also darin, dass man ausgeschlafen hat und dass einen die neuen Stiefel nicht drücken. Wenn einem die 720 Minuten eines zwölfstündigen Tages ohne besonderen Ärger vergehen, so lässt sich von einem glücklichen Tag sprechen.

Theodor Fontane

Ein kleines Lächeln

Es war einmal ein kleines Lächeln, das machte sich auf den Weg, um zu sehen, ob es nicht jemanden fände, wo es wohnen könnte. Es traf ein kleines Augenzwinkern, das auch nicht viel größer war. Sofort fühlten sich beide zueinander hingezogen. Sie gaben sich die Hand und zogen gemeinsam weiter. Sie waren noch nicht sehr weit gegangen, da trafen sie zwei kleine Lachfältchen. Die fragten, wohin des Weges, und sie gingen mit. Da kamen sie in einen großen Wald, und unter einem Baum sahen die vier Freunde einen Menschen sitzen, der allein war und traurig aussah. Die vier Freunde verständigten sich kurz und guckten dann, ob der Mensch wohl Platz für sie hätte. Heimlich und lautlos versteckten sich die zwei Lachfältchen und das Augenzwinkern unter den Augen, und das Lächeln krabbelte in die Mundwinkel. Das Lächeln kitzelte den Menschen, er stand auf und merkte plötzlich, dass er nicht mehr so traurig war, und er ging hinaus aus dem Wald auf eine große Wiese, wo es hell und warm war.

Dem ersten Menschen, den er traf, schenkte er befreit ein kleines, ein klitzekleines Lächeln, zwinkerte dabei mit den Augen, und die Lachfältchen fühlten sich richtig wohl.

Anonym

Rezept

Jage die Ängste fort
Und die Angst vor den Ängsten.
Für die paar Jahre
Wird wohl alles noch reichen.
Das Brot im Kasten
Und der Anzug im Schrank.

Sage nicht mein.
Es ist dir alles geliehen.
Lebe auf Zeit und sieh,
Wie wenig du brauchst.
Richte dich ein.
Und halte den Koffer bereit.

Es ist wahr, was sie sagen:
Was kommen muß, kommt.
Geh dem Leid nicht entgegen.
Und ist es da,
Sieh ihm still ins Gesicht.
Es ist vergänglich wie Glück.

Erwarte nichts.
Und hüte besorgt dein Geheimnis.
Auch der Bruder verrät,
Geht es um dich oder ihn.
Den eignen Schatten nimm
Zum Weggefährten.

Feg deine Stube wohl.
Und tausche den Gruß mit dem Nachbarn.
Flicke heiter den Zaun
Und auch die Glocke am Tor.
Die Wunde in dir halte wach
Unter dem Dach im Einstweilen.

Zerreiß deine Pläne. Sei klug
Und halte dich an Wunder.
Sie sind lang schon verzeichnet
Im großen Plan.
Jage die Ängste fort
Und die Ängste vor den Ängsten.

Mascha Kaléko

Auf einen Blick

Kurztext • 2–5 Min. •• über 3 Min. •••

Titel AutorIn	**Worum geht es?**	Vorlesezeit	Seite
Wirkung des Frühlings im menschlichen Gemüte *Barthold Hinrich Brockes*	Den Frühling mit allen Sinnen erleben	•	14
Hinter blühenden Apfelbaumzweigen *Arno Holz*	Das Glück der Abendstille kosten	•	15
Einsamkeit *Henry D. Thoreau*	In der Natur zu sich selbst kommen	•••	15
Guter Rat *Theodor Fontane*	Die Sorglosigkeit eines Sommermorgens spüren	•	18
Sommerfreuden *Claudine*	Die Kunst, wunschlos glücklich in der Sonne zu sitzen	•••	19
Sommermittag *Christian Morgenstern*	Träumen im Gras	•	22
Müßiggang *Henry D. Thoreau*	Wer nichts tut, tut viel für sein Glück	••	22
Schönes, grünes, weiches Gras *Arno Holz*	Von der Seligkeit des Augenblicks	•	25
Inseltage *Eveline Hasler*	Die wunderbare Leichtigkeit des Seins	•••	26
Schlittenfahrt *Herbert Rosendorfer*	Ein Wintermärchen aus Kindertagen	•••	29

Titel AutorIn	Worum geht es?	Vor- lese- zeit	Seite
Meine papiernen Brieftauben *Marie von Ebner-Eschenbach*	Sich selbst und andere überraschen	•	42
Die Nacht im Hotel *Siegfried Lenz*	Es macht glücklich, zum Glück anderer beizutragen	•••	42
Das Geschenk *Rachel Naomi Remen*	Über das Glück, jemanden zu haben, den man liebt	•••	48
„Wäre die Liebe nur Glück …“ *Lily Braun*	Die Liebe verändert alles	•	51
Ein Nachspiel *Friedrich Nietzsche*	Vom Glück, miteinander zu schweigen und miteinander zu lachen	•	52
Was kann er für sie tun?!? *Peter Altenberg*	Glück ist, die Liebste/den Liebsten zu verwöhnen	•	53
Die Herzensfrau *Max Dauthendey*	Wer liebt, sieht die Welt in neuen Farben	•	54
„… und wäre jetzt gern bei Dir“ *Christoph Meckel*	Vom Glück, den anderen zu vermissen	••	54
„Vergiss nicht das Süße …“ *Robert Walser*	Glück und Unglück gehören zusammen	•	58
Lechaim! *Rachel Naomi Remen*	Das Leben als Geschenk begreifen	•••	58
„Möglichst viel Glück …“ *Christian Morgenstern*	Leid erfahren zu haben, vertieft die Glücksempfindung	•	61

Titel **AutorIn**	**Worum geht es?**	**Vor-lese-zeit**	**Seite**
Im Hafen von Sydney *Bruce Chatwin*	Glück ist nicht davon abhängig, dass das Schicksal es immer gut mit uns meint	••	62
Trost *Theodor Fontane*	Auch Unglück geht vorbei	•	65
Nach einem Regen *Richard Dehmel*	Es tut gut, sich trösten zu lassen	•	66
„In himmel-blauer Ferne …“ *Arno Holz*	Schon die Sehnsucht nach Glück kann glücklich machen	•	68
Traumland *Georg Trakl*	In Kindheitserinnerungen liegt mancher Schatz verborgen	••	68
Mein Garten *Hugo von Hofmannsthal*	Das Glück der Kindheit in der Gegenwart wiederfinden	•	71
Langsame stunden überm fluss *Stefan George*	Seine Zerbrechlichkeit macht das Glück so wertvoll	•	72
Im Walde *Christian Morgenstern*	Das unbeschwerte Glück der Kind-heit	•	72
Das Glück am Weg *Hugo von Hofmannsthal*	Eine flüchtige Begegnung wird zum Auslöser eine Fantasie über das Glück	•••	73
Das Erinnern nimmt jährlich zu *Jean Paul*	Vom Glück des Älterwerdens	••	80
„Wenn es Winter sein wird …“ *Rainer Maria Rilke*	Von glücklichen Erinnerungen kann man zehren	•	84

Titel AutorIn	Worum geht es?	Vor- lese- zeit	Seite
„Keine Zeit auf Erden, um zu schlafen!“ *Max Frisch*	Sich am Glück des Augenblicks berauschen	••	86
Mittagessen mit einem Landstreicher *Bruce Chatwin*	Ein Steak für eine Lektion in Lebenskunst	•••	88
An eine Orange *Francisca Stoecklin*	Die Vollkommenheit im Einfachen wahrnehmen	•	94
Ich trinke Tee *Peter Altenberg*	Es sich rundum gut gehen lassen	•	94
Das höchste Lebensglück *Paul Scheerbart*	Glück auskosten, aber nicht daran kleben	•	96
Blaue Träume *Clara Müller-Jahnke*	Die Kunst, aus einem grauen Tag das Beste zu machen	•	97
Kleiner Weg zum Glück *Aus Brasilien*	11 Glücksgebote	•	100
Ein Lieblingssatz *Theodor Fontane*	Glück ist unberechenbar	•	101
„Nicht der Himmel bringt das Glück …“ *Otto Ludwig*	aber man sollte etwas dafür tun	•	101
Das Märchen vom Glück *Erich Kästner*	Sich etwas zu wünschen übrig lassen ist Glück	•••	102
Glück liegt in den kleinen Dingen *Rainer Maria Rilke*	Lernen, das Schöne zu sehen	•	107

Titel **AutorIn**	**Worum geht es?**	**Vor-lese-zeit**	**Seite**
Das Glück der Arbeit *Fanny Lewald*	Im Tun Erfüllung finden	•	108
Hans im Glück *Brüder Grimm*	Glück ist keine Frage des Habens, sondern des Seins	•••	108
„Ist es überhaupt möglich, unglücklich zu sein?“ *Fjodor M. Dostojewskij*	Das pure Glück des Daseins	•	117
Familienglück *Aus der Zen-Tradition*	Das scheinbar Selbstverständliche schätzen lernen	•	117
Das Glück des Ausgeschlafenen *Theodor Fontane*	Auch die Freuden des Alltags sind Glücksquellen	•	118
Ein kleines Lächeln *Anonym*	Glück ist ansteckend	•	119
Rezept *Mascha Kaléko*	Sich ohne Wenn und Aber dem Leben hingeben	•	120

Quellenverzeichnis

Chatwin, Bruce: „Im Hafen von Sydney“ und „Mittagessen mit einem Landstreicher“, aus: ders., *Traumpfade*, © 1990 Carl Hanser Verlag, München.

Frisch, Max: „Keine Zeit auf Erden, um zu schlafen!“, aus: ders., *Homo Faber*, © Suhrkamp Verlag Frankfurt am Main 1957, alle Rechte vorbehalten durch Suhrkamp Verlag Berlin.

Hasler, Eveline: „Inseltage“, aus: dies., *Der Jubiläums-Apfel und andere Notizen vom Tage*, © 1998 Deutscher Taschenbuch Verlag, München.

Kästner, Erich: „Das Märchen vom Glück“, aus: ders., *Der tägliche Kram*, © Atrium Verlag, Zürich 1948 und Thomas Kästner.

Kaléko, Mascha: „Rezept“, aus: dies., *Die paar leuchtenden Jahre*, © 2003 Deutscher Taschenbuch Verlag, München.

Lenz, Siegfried: „Die Nacht im Hotel“, aus: ders., *Jäger des Spotts. Geschichten aus der Zeit*, © 1958 by Hoffmann und Campe Verlag.

Meckel, Christoph: „... und wäre jetzt gern bei Dir“, aus: ders., *Licht*, © 1982 by nymphenburger in der F.A. Herbig Verlagsbuchhandlung GmbH, München.

Remen, Rachel Naomi: „Das Geschenk“ und „Lechaim!“, aus: dies., *Aus Liebe zum Leben. Geschichten, die der Seele gut tun*, © 2002 Arbor Verlag, Freiburg, www.arbor-verlag.de.

Rosendorfer, Herbert: „Schlittenfahrt“, aus: ders., *Eichkatzelried*, © 1979 by nymphenburger in der F.A. Herbig Verlagsbuchhandlung GmbH, München.

Walser, Robert: „Vergiss nicht das Süße ...“, Auszug aus „Denke dran“, aus: ders. und Jochen Greven (Hg.), *Sämtliche Werke*, © alle Rechte bei der Robert Walser Stiftung, Bern und dem Suhrkamp Verlag, Zürich.